UM 1900

Grimsey
Rifstángi
Melrakkaslett
Axarfiörðr
Skjafandafiörður
Eyafiörður
Pistilfiörður
Lánganes
Pingeyarsýsla
Vopnafiörðr
Dettifoss
Akureyri
Espihole
Saurbær
Skialfandarfliot
Myvatn
Jökulsá á Fjöllum
Herðubreið
Odáða-
hraun
Bessastaðir
Borgarfirth
Seyðisfirth
Miófifirth
Horn
Fáskruðsfirth
Beraflörðr
Skialdbreið
Kistufell
Snæfell
Vatna Jökull
or
Klofa Jökull
Skaptar Jökull
Borgarhöfn
Sviñafell
Skeiðarársandr
Ingólfshöfði
Skapta
Kúða fliot
Tungnaa
Scale of English Miles
0
10
20
30
40
50

Óskar Árni Óskarsson

# DAS GLITZERN DER HERINGSSCHUPPE IN DER STIRNLOCKE

Aus dem Isländischen von Betty Wahl

: TRANSIT

INHALT


7 DER TISCH
9 AUF REISEN
15 POPEYE
16 SO GEHT ES IM LEBEN
18 STILLE TÜRME
19 FROSTWINTER 1918
21 DER TONNENDACHBODEN
24 DER GEMEINDERAT
25 MUTTERBRUST
27 LORBEERBLÄTTER
29 HOCHZEIT
30 MIT GRÖNDAL IM REISEGEPÄCK
33 ERINNERUNG
34 MIT ZWÖLF FINGERN
36 BOMMELN AM KLEID
37 RAUFARHÖFN
40 ÞÓRSHÖFN
43 BITABÖRN
46 EINSAME TELEFONZELLE
48 VOPNAFJÖRÐUR
51 BEI DEN INDIANERN IN AMERIKA
53 WIEDER NACH HAUSE
54 WIE URGROSSVATER ERTRANK
55 GROSSVATERS TOD
56 NACH SIGLUFJÖRÐUR IM SOMMER 1915
57 SKJÖLDÓLFSSTAÐIR IM JÖKULDALUR
58 NACH HAFNARFJÖRÐUR
61 UNERWARTETER BRIEF
64 DAS GEDICHT UNTER DEM KOPFKISSEN
67 SPAZIERGÄNGE
68 AUF DEN STUFEN VOR DER BIBLIOTHEK
69 DIE MÜTZE TIEF INS GESICHT

71 VESTMANNAEYJAR
73 UND DANN GESCHAH DAS WUNDER
76 EINSAMER WANDERER
77 ADLIGE ISLÄNDER
78 DER SEESACK
79 DAS ZIMMER
80 BEIM HERRENFRISEUR
82 FUSSBALLVERLETZUNG
83 GOTT UND DIE MÄCHTE DER FINSTERNIS
86 ZAHNSCHÄDEN
87 DIE SCHREIBMASCHINE
89 ZWISCHENSTOPP IM SÜDLAND
91 AUF DER PFLEGESTATION
92 DIE GRÜNE SCHATULLE
92 WINGS OHNE FILTER
96 DAS DREIRAD
98 NJÁLS SAGA
99 PLUMPSKLO
100 STREIFZUG
101 BLESUGRÓF VIEL SPÄTER
102 DAS ÖLAUTO
104 BUCHKRITIK
105 KANDIS
106 BÚÐARDALUR
109 FEUERSBRUNST
112 HRAFNISTA 2002
114 TELEFON NR. 6572
115 DAS EINWOHNERREGISTER VON REYKJAVÍK 1949

116 ANMERKUNGEN
119 BILDNACHWEIS

*Löngum er ég einn á gangi,*
*einkum þegar sólin skín.*
*Fáum kunn, á víðavangi*
*víða liggja sporin mín.*
*Eins og barn með blóm í fangi,*
*bróðir, kem ég inn til þín.*

*Undir heiðum himni og víðum*
*hvílíkt yndi að skemmta sér,*
*þegar blóm í brekku og hlíðum*
*brosa, hvar sem litið er.*
*En illgresið er oft á tíðum*
*yndislegast, sýnist mér.*

Örn Arnarson

*Ewig streif' ich durch die Weiten,*
*einsam hier im Sonnenschein*
*Kaum ein Mensch will mich begleiten*
*auf dem Weg durch Feld und Hain.*
*Wie ein Kind, den Arm voll Blumen,*
*klopf ich an: Lasst mich herein!*

*Auf den bunten Sommerwiesen*
*fließt der Tag ganz sanft dahin.*
*Blüten, Gräser, Halme sprießen,*
*und betören Herz und Sinn.*
*Doch das Unkraut bleibt für mich*
*die einzig wahre Königin!*

## DER TISCH

Auf unserem Esstisch zu Hause in der Bergstaðastræti lag immer ein kariertes Wachstuch. Es war ein alter Holztisch mit stämmigen Beinen und einem großen, schwarzbraunen Fleck auf der Tischplatte. Er hatte meiner Großmutter Stefanía gehört, schon in der Heringsbaracke in Siglufjörður hatte sie ihn gehabt, damals, als man ihrem Sohn Stebbi das Bein abgenommen hatte. Zwölf Jahre alt war er da. Er war schon mit einem verkrüppelten linken Bein auf die Welt gekommen, und später hatte sich darin die Schwindsucht festgesetzt. Es war der Winter des Jahres 1920, und er war so krank, dass sie den Arzt aus der Stadt kommen ließen, Valdimar Steffensen, der damals in Akureyri eine Praxis betrieb. Der musste, um das Leben des Jungen zu retten, ihm das Bein abnehmen. Also gab man dem kleinen Stebbi eine Morphiumspritze, legte ihn auf den Tisch, und der Arzt sägte das Bein direkt unter der Leiste ab. Stefanía hielt ihren Sohn die ganze Zeit fest. Gemessen an den Umständen verlief die Operation recht gut, doch die Morphiumvorräte waren schon bald aufgebraucht. In den darauf folgenden Tagen gellten die Schreie des Jungen durch die Straßen von Siglufjörður. Die Nachbarn wussten Bescheid, aber in diesen Nächten bekam niemand im Ort viel Schlaf. Allmählich wurden die Schreie seltener, aus Akureyri war neues Morphium angekommen. Den Fleck auf der Tischplatte hatte Großmutter ihr Leben lang nicht weggekriegt, so tief war das Blut des Jungen in das Holz eingesickert. Trotzdem stellten Stefanía und ihre Kinder ihre Teller und Tassen nach wie vor auf diesen guten, verlässlichen Holztisch. Stebbi erholte sich erstaunlich schnell, man hatte ihm eine Holzkrücke zurechtgezim-

*Alte Trockenscheunen in Siglufjörður*

mert, auf der er behende auf den Anlegebrücken herumwuselte, und wenn er dabei ins Wasser fiel, paddelte er auf seiner Krücke einfach wieder an Land, wie er später gern grinsend zum Besten gab. Auch bei der Damenwelt stand der Junge schon früh hoch im Kurs, und nach den Schäferstündchen glitzerte in seiner dunklen Stirnlocke dann und wann eine silbrige Heringsschuppe.

# AUF REISEN

Anfang August 2005 packte ich ein paar Bücher und Klamotten in einen Rucksack und machte mich zum Zentralen Busbahnhof auf. Ich war eben erst von einer schweren Krankheit genesen, einer ziemlich heftigen Blutvergiftung, und nun brauchte ich dringend Abwechslung. Wie so oft in solchen Zeiten spukten mir allerlei Fragen im Kopf herum, und tief verschüttete Erinnerungen kamen wieder an die Oberfläche.

Ich hatte schon lange vorgehabt, einmal ganz nach Nordosten zu reisen und mich an der Küste von Langanes umzutun, dort, wo die Familie meines Vaters herstammte. Aber auf dem Weg dorthin wollte ich in Siglufjörður Station machen, um bei meiner Tante Ester vorbeizuschauen. Zwischen den anderen Büchern in meinem Rucksack steckte ein kleines Bändchen mit einem ramponierten blauen Pappeinband, es trug den Titel *Isländische Heldinnen*, verfasst von Guðrún Björnsdóttir aus Kornsá. Das Buch enthält zehn Portraits bedeutender Frauen, denen Guðrún im Lauf ihres Lebens begegnet war, eine davon, Stefanía Stefánsdóttir, war meine Großmutter väterlicherseits. Dort heißt es gleich zu Beginn: »Es muss etwa Ende Juni des Jahres 1915 gewesen sein, als eine Witwe aus dem Bezirk Múlasýsla mit fünf Kindern nach Siglufjörður zog: einem dreizehnjährigen Sohn, einem Mädchen von zehn Jahren, einem kränklichen Jungen von fünf und einem Dreijährigen, das Jüngste, ein Mädchen, war erst wenige Wochen alt.

Die Frau hatte in Siglufjörður weder Familie noch Freunde, nicht einmal Bekannte. Doch wie viele andere hatte sie gehört, dass man zur Heringssaison dort ein gutes Auskommen haben könne und dass die Besitzer der Heringssalzereien ihren Arbeitern auch Unterkünfte besorgten.«

Der Dreijährige war mein Vater, und das kleine Mädchen meine Tante Ester, die noch heute in Siglufjörður lebt und bei der ich nun auf dem Weg nach Nordosten einen Besuch machen wollte.

Der Bus rollte gemächlich vom Parkplatz hinter dem Busbahnhof, und die ersten Regentropfen klatschten auf die Scheibe. In der Sitzreihe neben mir steckte ein junges japanisches Pärchen tuschelnd die Köpfe zusammen. Die Haare des Jungen waren dunkelviolett gefärbt, die Lederjacke des Mädchens passte farblich genau dazu. Auf dem Sitz vor mir saß eine nicht mehr ganz junge Frau mit einem kleinen Jungen, und ihrem Gespräch entnahm ich, dass sie in Richtung Norden unterwegs waren und es offenbar gar nicht erwarten konnten, endlich zu Hause in Blönduós anzukommen. Der Regen und die feuchten Nebelschwaden blieben uns die ganze Fahrt über treu, nur als wir die Hochebene von Holtavarða hinter uns gelassen hatten und zum Hrútafjörður hinunterfuhren, brachen ein paar Sonnenstrahlen durch die Wolken. Im Radio näselten sich Dylan und Cash durch die Ballade vom *North Country Girl*.

Mein erster Zwischenstopp war Sauðárkrókur. Dort warteten schon »Laugur eins und Laugur zwei« alias Sigurlaugur und Geirlaugur in ihrem »Leichenwagen«, Siggis schwarzem Jeep, den sie vor dem Supermarkt in Varmahlíð geparkt hatten. Ich setzte mich auf den Rücksitz und kurbelte die Scheibe herunter, damit der Zigarettendunst abziehen konnte, dann fuhren wir los in Richtung Sauðárkrókur. Wie immer durfte ich im Keller bei Siggi zu Hause in der Suðurgata übernachten. Er bereitete gerade eine Ausstellung seiner Gemälde vor, und an den Kellerwänden lehnten reihenweise Leinwände und ungerahmte Bilder. Nach dem Abendessen gingen wir zu Geirlaugur hinüber. Er bewohnte die kleine Lehrerwohnung in der Gesamtschule von Sauðárkrókur. Bei Geirlaugur war im vorigen Winter Krebs festgestellt worden, nun bekam er Morphium und hielt sich erstaunlich tapfer, obwohl man ihm ansah, wie dreckig es ihm ging. Er hatte sich gerade einen neuen Computer angeschafft, ein Monstrum von einem Gerät, das bei ihm unter dem Namen »Weltraumstation« firmierte.

In dieser Wohnung konnte man kaum einen Schritt gehen, ohne über einen Bücherstapel zu stolpern. Bücherschränke jeglicher Art und Größe bedeckten jeden Quadratzentimeter Wandfläche, auf den Regalbrettern standen die Bücher meist in Zweierreihen, Fensterbänke und Kleiderschränke waren ebenfalls gut genutzt, und auf dem Heizkörper reihten sich französische Romane. Wollte man sich irgendwo hinsetzen, musste man zuerst einen Bücherberg beiseite schaufeln. Fremdsprachige Schachhandbücher und philosophische Wälzer, Lyrikbände und Dichterbiografien, alles stapelte sich in einem wilden Durcheinander auf dem Couchtisch, wo wir jetzt versuchten, etwas Platz für unsere Kaffeetassen zu finden.

Gegen Mitternacht machten wir noch einen Abstecher zu Uggi Jónsson, der sich für ein paar Tage in der alten Werkstatt in der Suðurgata zurückgezogen hatte, um zu schreiben. Zu viert

*Ester Landmark vor dem Haus Hafnargata Nr. 9, Siglufjörður*

unternahmen wir einen Streifzug durch das Städtchen. Die wenigen Autos, die unterwegs waren, verlangsamten ihre Fahrt, um das seltsame Quartett in Augenschein zu nehmen. Es war eine windstille Nacht, und die Dämmerung senkte sich langsam auf die Gärten und Häuser von Sauðárkrókur.

Am folgenden Nachmittag lud Siggi mich wieder in Varmahlíð ab, von wo aus man den Bus nach Siglufjörður bekam. Der Busfahrer war ein redseliger Zeitgenosse, der die meisten der Fahrgäste persönlich zu kennen schien. Draußen Sturmböen und dichte Regenschleier, die Sicht gleich null. Bei Hofsós noch vereinzelte Sonnenfetzen, aber auf der Anhöhe von Sléttuhlíð ging das Unwetter dann richtig los, und für den Rest der Fahrt ergossen sich wahre Sturzbäche vom Himmel. Ich kam mit einem deutschen Geologen ins Gespräch, der in einem Forschungsprojekt am Héðinsfjörður Bodenproben untersuchte. Er stammte aus Berlin und sprach ein ausgezeichnetes Isländisch. »Die Erdschichten unter Berlin sind voller Menschenknochen«, behauptete er. Im Gegensatz zu mir konnte er sämtliche Landmarken und Wegmarkierungen auf der Strecke beim Namen nennen, selbst wenn sie im dichten Nebel überhaupt nicht zu sehen waren. Am Zeltplatz in der Ortsmitte von Siglufjörður wünschte ich dem Deutschen gute Weiterreise, stieg den Hang hinauf und suchte das Haus Hafnargata Nr. 9.

Ester wohnt in der Dachwohnung eines hohen Holzhauses, mit Aussicht über den Bootshafen und den Fjord. In der kleinen Küche unter der Dachgaube köchelte geräuchertes *hangikjöt* mit weißer Soße auf dem Herd, sie hatte mich also erwartet. Tante Ester war putzmunter und lebenslustig wie ein junges Mädchen, obwohl sie die Achtzig längst überschritten hatte und so gut wie blind war.

Nachdem wir dem Lamm alle Ehre angetan hatten, kümmerte ich mich um den Abwasch, während Ester in einem Stieltöpfchen Wasser kochte, um nach althergebrachter Methode in einer verbeulten Blechkanne Kaffee aufzubrühen. Draußen zog die Dämmerung herauf, Regenschauer peitschten gegen die Hauswand. Ester hatte viele Geschichten auf Lager, von Großmutter und ihren ersten Jahren hier in Siglufjörður, unter anderem auch die von Stebbis Bein. Sie ging ans Fenster und zeigte mir die Stelle, wo die Heringsbaracke damals gewesen war, direkt neben dem Vorratshaus, das heute das Fischfangmuseum beherbergt.

Ich schlief auf dem geblümten Wohnzimmersofa, über mir das gespenstische Klappern eines losen Dachziegels. In dieser Nacht träumte ich, man habe mich ins Leichenhaus geschickt, wo ich das abgesägte Bein finden sollte, um es oben auf dem Friedhof ordnungsgemäß zu begraben.

## POPEYE

Beim Aufwachen am nächsten Morgen schien die Sonne durch das Dachfenster und mir direkt ins Gesicht. Nachdem Tante und ich gefrühstückt hatten, schlenderte ich zum Hafen hinunter; von den Anlegebrücken für die Heringskutter waren nur noch ein paar morsche Pfosten übrig, auf denen sich die Möwen tummelten. Ein wettergegerbter Fischer reparierte an einem kleinen Motorboot herum. Er hatte eine Pfeife zwischen den Zähnen und sah aus, als hätte man den amerikanischen Popeye mit seinem isländischen Pendant gekreuzt. Ich erkundigte mich nach seinem Fang. »Geht so«, antwortete er. »Aber sein eigener Herr zu sein, an einem Tag wie diesem hier, das ist schließlich auch nicht das Schlechteste«. Er hielt mir eine Whiskyflasche hin und machte eine einladende Geste. »Ist genug da«, sagte er mit einer Kopfbewegung in Richtung Ruderhäuschen. Ich lehnte dankend ab und nahm dafür einen Schluck Kaffee aus seiner farbverkleckststen Thermoskanne. Er hatte, erzählte er mir, den größten Teil seines Lebens in Siglufjörður verbracht und kannte Ester und meinen Vater, seitdem er denken konnte. »Sie weiß genau, was sie will«, sagte er, »aber manchmal, da fängt sie plötzlich an zu leuchten, und dann glitzert sie wie ein Sonnenstrahl auf einem Heringsschwarm.« Er trug mir Grüße an sie auf, und ich setzte meinen Rundgang durch das Städtchen fort, das sich jetzt von einer ganz anderen Seite zeigte als an dem regendüsteren Tag zuvor.

## SO GEHT ES IM LEBEN

Die Stadt wirkt wie in Windeseile zusammengezimmert. So ähnlich muss Dawson City ausgesehen haben, oder die anderen Goldgräberstädte, die man damals am Klondyke aus dem Boden gestampft hatte. Die meisten Häuser sind mit Wellblech verkleidet; *bølgeblik*, so sagt man auf Norwegisch. Klingt das nicht poetisch? Als ich das Wort zum ersten Mal hörte, sah ich Wellen vor mir, die in der Sonne blinken oder so etwas, und als ich dann davor stand, war ich enttäuscht. So geht es im Leben.

*Albert Engström: At Häcklefjäll. Minnen Från En Islandsfärd. Stockholm 1913*

Gegen Abend läuft die Heringsflotte in den Hafen ein. Auf der Pier herrscht plötzlich ein heilloses Gedränge und Geschiebe: Nun beginnt die Arbeit. Was hier vor sich geht, ist mit Worten kaum zu beschreiben. Stellen Sie sich eine Menschenmenge vor, wirr und ungeordnet, und doch läuft alles streng nach Plan.

Die Frauen machten sich ans Auskehlen und Einsalzen, Frauen in höchst sonderbarem Aufzug, in Ölzeug und kniehohen Stiefeln, in den Händen gefährliche Waffen und bis an die Schultern mit Blut verschmiert. Bald ist vor Fischblut und Heringsschuppen nichts mehr zu erkennen. Ein schwerer Dunst liegt in der Luft, eine seltsame Mischung aus Meer, Leben und Betriebsamkeit. Und der Hering scheint nie zu versiegen. Die Nacht wird nicht zur Kenntnis genommen. Hering und immer mehr Hering. Hände in Bewegung, wie von einem Uhrwerk getrieben, blutgetränkte Kleidung, die in der Abendsonne glänzt.

*Straßenszene in Siglufjörður*

## STILLE TÜRME

Die Bank vor der Eisdiele am Neuen Kino ist dicht besetzt, auf dem Bürgersteig federn Kinderwagen vorbei. Im Kinosaal ist eine ungewöhnliche Fotoausstellung zu sehen; die Wände sind mit Bildern gepflastert, und auf den Tischen stapeln sich Alben mit Schwarzweißfotos, Schnappschüssen aus dem Leben der Dorfbewohner in den Sechzigerjahren. Verschwundene Augenblicke, eingefangen und auf Glanzpapier gebannt, auf dem die Zeit bereits deutliche Spuren hinterlassen hat: Heringsmädchen beim Schachspiel, ein Leichenzug im Winter, ein Auto im Schnee. Fette Fliegen brummen unermüdlich durch den trüb beleuchteten Saal, so als hätte jemand den alten Vorführapparat eingeschaltet. Die Tür zum Hinterhof steht offen, dort, wo sich die Strahlen der Sonne über verrottete Heringstonnen und sommerfahle Strandkamille ergießen, die sich zwischen Kieselsteinen und rostigen Kronkorken ihren Weg sucht. Die stillen Türme der Heringsfabrik ragen über die Hausdächer auf der Landzunge, hin und wieder flattert eine Möwe durch das ausgeleuchtete Bühnenbild.

## FROSTWINTER 1918

*Guðrún Björnsdóttir: Isländische Heldinnen. Reykjavík 1948*

»Im Herbst ließ Stefanía ihre Kinder Berge von alten Fassreifen und Holzscheiten sammeln, die sonst verdreckt am Strand herumlagen oder auf den Bootsstegen vor sich hinfaulten – und so hatten sie, wie die meisten damals, bis zum Winter einen ansehnlichen Vorrat an Brennmaterial zusammen. In der Regel wurde das unten am Fjord zum Trocknen aufgeschichtet und dann den Winter über nach und nach mit dem Schlitten geholt. Doch in diesem bitterkalten Winter waren viele damit überfordert und gaben, obwohl sie das Heizmaterial dringend brauchten, irgendwann einfach auf. Stefanía dagegen dachte nicht daran aufzugeben, damals genauso wenig wie irgendwann sonst, also machte sie sich mit ihrem Ältesten, der war gerade sechzehn, auf den Weg, und es gelang ihnen, Torf nach Hause zu bringen, ohne sich dabei die geringsten Erfrierungen zu holen. Sie schmierten sich Gesicht, Hände und Füße mit Talg ein und stopften sich alte Zeitungen unter ihre Kleider. Auch mit manchen Lebensmitteln und der richtigen Vorratshaltung kannte sie sich besser aus als irgendjemand sonst, den ich kannte. Jedes Jahr im Herbst kochte sie große Mengen Dorschleber aus, um den Kindern immer genug Lebertran geben zu können, und unter normalen Umständen wird sie auch Isländisches Moos gesammelt haben. In diesem Winter, kurz vor Weihnachten, hatte sie einen Futtersack voll Karotten erstanden, denn die hielten sich auch bei strengem Frost, solange man sie in Sägemehl lagerte. Außerdem wusste ich, dass sie auch anderen davon etwas zusteckte, etwa, wenn jemand in ihrer Nachbarschaft besonders schlimm von Skorbut geplagt war, denn Stefanía fühlte sich längst nicht nur für ihre eigenen Kinder verantwortlich. Oft besuchte sie Kranke, um ihnen das Dasein zu erleichtern und ihnen zu helfen. Die Kunde von ihrer Fürsorglichkeit war weit verbreitet, so dass selbst der Gemeindearzt sie um ihren Beistand bat, wenn er eine besonders komplizierte Behandlung vor sich hatte, denn schließlich gab es damals in Siglufjörður weder eine Krankenschwester noch ein Krankenhaus. Dann ließ sich Stefanía nie lange bitten. Und so bereitwillig sie war zu helfen, so wenig bereit war sie, selbst Hilfe anzunehmen.«

# DER TONNENDACHBODEN

Der Winter 1917/18 war hart, in Siglufjörður nicht anders als überall sonst im Land. Der Fjord war vollkommen zugefroren, so dass auf dem Seeweg keinerlei Versorgung zu erwarten war. Stefanía hatte gerade erst das Salzhaus verlassen und war hinunter an den Strand gezogen – und zwar keinen Tag zu früh, denn kurz darauf wurde das Haus von den Eisschollen in Stücke gerissen, und die Armen strömten herbei und holten sich die zersplitterten Planken zum Feuermachen. Ihre neue Behausung war geringfügig besser, aber auch dieses Haus war einmal ein Vorratsschuppen für Heringstonnen und Salzfässer gewesen. Die Wohnung befand sich unter dem Dach, die Bodendielen waren morsch und schadhaft, die Türen und Fenster allesamt undicht. Stefanía versuchte, die Ritzen mit Stofffetzen und Zeitungspapier zu stopfen, damit der eiskalte Wind kein allzu leichtes Spiel hatte.

Es waren schlimme Zeiten für alle, die dort wohnten, doch ihre Kinder blieben von Skorbut und anderen Krankheiten immer verschont. Von der Langanes-Küste im Nordosten hatte sie das ein und andere Wissen mitgebracht, was mit der Zubereitung von Speisen zu tun hatte und in Siglufjörður bis dahin unbekannt war, und es ist nicht auszuschließen, dass sie so manches von den Indianerfrauen abgeguckt hatte, während der zwei Jahre, die sie als junges Mädchen in Kanada war.

Die meisten Leute in Siglufjörður lebten damals in ärmlichsten Verhältnissen, wie eine Episode aus dem Buch *Isländische Heldinnen* veranschaulicht: »In diesem Winter besuchte mich eines Tages eine Frau, die ich nur flüchtig kannte, von der ich aber wusste, dass sie verwitwet war und einen fünf oder sechs Jahre alten Jungen zu versorgen hatte. Es war kurz vor der Mittagszeit, also bot ich ihr an, mit uns zu essen. Sie setzte sich mir gegenüber an den Tisch, und ich werde niemals den Anblick vergessen, den sie bot, als sie anfing zu essen. Die Zähne hingen allesamt lose im Gaumen und schienen ihr beim Kauen jeden Moment aus dem Mund zu fallen. Das Zahnfleisch war dick geschwollen und blutig entzündet, aus ihren Mundwinkeln rann das Blut in schmalen Rinnsalen, und der faulige Gestank, der sie umgab, war so stark, dass mir beinahe übel wurde. Sie erzählte mir, ihr Junge sei ans Bett gefesselt, so schlimm seien die Frostbeulen an seinen Füßen. Auch sie selbst, sagte sie, liege die meiste Zeit des Tages im Bett und ziehe sich nur an, um in die Küche zu gehen, und dann oft nur, um sich einen Kaffee zu kochen.«

Und so etwas war gewiss kein Einzelfall, denn Hunger und Krankheit lauerten überall. In jenem Winter half Stefanía in so mancher Familie aus und kümmerte sich um die Kranken. Abends las sie den Kindern vor und brachte ihnen die Buchstaben bei, auch wenn sie dann oft schon einen langen Arbeitstag hinter sich hatte. Ab und zu steuerten ihre Kinder etwas Haushaltsgeld bei, hauptsächlich Árni, ihr Ältester, der damals schon ganztägig arbeitete, obwohl er kaum aus den Kinderschuhen raus war.

Die Öre, die der Jüngste hinzuverdiente, kamen dem Haushalt dagegen nur selten zu gute, denn die wurden meist direkt in Süßigkeiten umgesetzt. Diese Einnahmen erzielte er unten am Hafen, wo er die Männer dazu animierte, ihn an den

*Oma Stefanía mit ihren Söhnen. Hintere Reihe v.li.: Þórarinn, Óskar, Stefán (Stebbi); vordere Reihe v.li.: Árni, Oma und Ingvar*

Ohren hochzuheben, und für jedes dieser Kunststückchen ein Zehnörestück kassierte. Seine großen, abstehenden Ohren legten davon lebenslang Zeugnis ab, und mit Hüten hatte er immer seine Probleme.

# DER GEMEINDERAT

Im Gemeinderat von Siglufjörður war man nicht gerade erbaut, als bekannt wurde, dass sich eine Witwe aus Ostisland mit ihren fünf Kindern in einem der Salztonnen-Vorratsschuppen eingerichtet hatte. Der Vorsitzende, der Pfarrer und Volksliedersammler Bjarni Þorsteinsson, hatte Stefanía unten an den Anlegesteg zu einer Unterredung gebeten, und während er mit strenger Miene seine Fragen stellte, spielte er nervös mit seiner Taschenuhr. »Ich brauchte Arbeit, und die habe ich mir beschafft«, hatte sie ihm erklärt. »Ich komme sehr gut alleine zurecht; um mich braucht sich der Gemeinderat da keine Sorgen zu machen.« Womit sie recht behalten sollte.

## MUTTERBRUST

Wenn Papa als kleinen Jungen in Siglufjörður plötzlich der Durst überkam, schlüpfte er einfach ins nächste Haus, von dem er wusste, dass es dort genug zu Trinken gab. Die Hausfrau entblößte ihre Brust und bot ihm eine kleine Stärkung an, während ihr Säugling in der Wiege schlummerte. Und hatte Papa seinen Durst gestillt, schlüpfte er wieder hinaus und sauste, wie berauscht von der Milch, über die lehmigen Dorfstraßen. Unten am Heringshafen nannten sie ihn nur noch den »kleinen Milchbubi«.

*Beim Heringsalzen*

# LORBEERBLÄTTER

Der Geschmack von Lorbeerblättern bringt seine Augen noch immer zum Leuchten.

»Damals, als ich ein Junge war, oben in Siglufjörður, nahm meine Mutter Stefanía mich oft mit an den Anlegesteg hinunter, und dort stand sie dann den lieben langen Tag, bis an die Knie im Hering, und salzte ein. Im Packhaus etwas oberhalb des Hafens lagerten große Mengen von Lorbeerblättern, die die Schweden als Gewürz für Kräutermarinade verwendeten. Manchmal, wenn ich erschöpft war und meine Augen kaum noch offen halten konnte, schickte Mama mich hoch zu den Männern ins Packhaus, die mich dann gutmütig grinsend empfingen und in hohem Bogen in den Lorbeerhaufen warfen. Ich deckte mich mit den Zweigen zu, und dann schlummerte ich selig und zufrieden unter meiner Kräuterdecke. Schon bald war der Trangestank aus Mund und Nase verflogen, und wenn ich aufwachte, hopste ich wie ein duftendes Kräutersäckchen auf der Hafenmauer herum. Und das ist jetzt sage und schreibe schon achtzig Jahre her«, sagte Papa und spießte ein Stück Hering auf die Gabel.

*Mama und Papa: Guðfinna Sigurðardóttir und Óskar Steinþórsson beim Picknick*

## HOCHZEIT

»Schau mal. Deine Mama und dein Papa oben auf der Hvanneyrarskál«, sagte Ester und zeigte auf eine alte Schwarzweißfotografie. Die beiden sind bei einem Picknick, sie sitzen auf einer Wolldecke und legen lachend die Arme umeinander. Ester selbst hat die Aufnahme gemacht. »Als dieses Foto entstand, waren sie noch nicht lange ein Paar; ich erinnere mich noch genau an diesen Tag«, sagte sie.

Ester und ich saßen in der kleinen Küche ihrer Dachwohnung, vor uns auf dem Esstisch ein aufgeklapptes Album mit alten Fotos. »Zu der Zeit, als die beiden heirateten, gab es keine Feierlichkeiten und kein schickes Brimborium«, fügt sie hinzu und schenkt Kaffee nach. »Sie waren beide um die zwanzig und mieteten eine winzige Kellerwohnung am oberen Ende des Laugavegur in Reykjavík. Als der große Tag gekommen war, klingelten sie beim Dompfarrer in der Lækjargata. Séra Bjarni vermählte sie zu Hause in seiner Wohnstube; Pfarrersfrau Áslaug sang und spielte Klavier dazu. Nach der Trauung bezahlte dein Vater dem Pfarrer die Heiratsgebühr, die er, für diese kurze Zeremonie, ziemlich hoch fand. Auf dem Weg ins Café *Hressingarskáli* erstanden sie im Lebensmittelladen in der Lækjargata zwei Zigaretten, und dann saßen sie in der *Skáli* bei einer Tasse Kaffee und einer Fluppe, mehr gab ihr Geldbeutel nicht her. So begingen sie ihr Hochzeitsfest, ihre Ehe aber erwies sich als dauerhafter als bei manch anderem Paar«, sagt Ester lächelnd und steckt sich eine Zigarette an – mittlerweile genehmigt sie sich drei davon am Tag.

In Siglufjörður nahm mich ein Lieferwagen mit nach Akureyri, wo ich übernachten wollte, bevor ich meine Reise in Richtung Nordosten fortsetzte. Den Fahrer kannte ich von früher, wir hatten vor über dreißig Jahren einmal auf derselben Baustelle gearbeitet. Während der Fahrt erzählte er mir von den Schicksalsschlägen seines Lebens, und die waren nicht ohne; »aber jetzt habe ich das Gefühl, dass ich irgendwie auf dem richtigen Weg bin«, erklärte er zum Schluss und trat aufs Gas, während wir an Hofsós vorbeifuhren.

Nachdem ich mir in der Jugendherberge von Akureyri ein Zimmer gesichert hatte, streifte ich durch die Stadt; in der Hauptgeschäftsstraße verirrte ich mich in ein Antiquariat, wo ich ein Exemplar von Benedikt Gröndals Lebenserinnerungen *Dægradvöl* (»Zeitvertreib«) erwarb. Eigentlich hatte ich das Buch zu Hause im Regal stehen, doch es kostete nicht viel und war bestimmt ein idealer Reisebegleiter. Mit Gröndal im Rucksack ging ich ins Alkoholmonopol, kaufte einen Sixpack Bier und schlenderte dann die Brekkugata hinauf; dort blieb ich vor dem Haus stehen, in dem Mama aufgewachsen war, riss eine Bierdose auf und schaute über die Dächer auf der Oddeyri-Halbinsel. Jenseits des Fjords hob sich die Küste von Svalbarðsströnd aus dem Meer. Dort hatte Mama als Mädchen ein oder zwei Sommer auf einem Bauernhof verbracht. In der Brekkugata bei Beta und meinem Onkel Mundi hatte ich als kleiner Bub oft übernachtet, wenn ich in den Sommerferien mit meinen Eltern dort zu Besuch war. Opa und Oma bewohnten damals ein Haus in der Laxagata, und dort hockte ich stundenlang auf dem Dachboden, um mich herum Stapel von alten Zeitungen, aus denen ich Cartoons herausschnitt, die ich damals leidenschaftlich sammelte. Noch heute habe ich den schwachen Modergeruch in der Nase, der dort in der Luft hing, und den Duft von altem Zeitungspapier. Es war düster dort oben, denn es gab kein Fenster, nur eine einzige Glühbirne hing von der Decke, also war ich immer mit einer Taschenlampe ausgerüstet, die ich mir von Großvater geliehen hatte. Eine merkwürdige Zeit, damals vor fünfzig Jahren, dachte ich, während ich mich versuchte zu erinnern, wo genau die Kate drüben am Svalbarðsströnd gestanden hatte. Ein prächtiges ausländisches Kreuzfahrtschiff lief in den Fjord ein. Direkt vor der Küste stellte ein Mann auf Wasserskiern seine Kunststücke zur Schau, doch auf einmal verlor er das Gleichgewicht und verschwand kopfüber ins Meer. Ich sah ihn nicht wieder auftauchen. Nun war es vollkommen windstill, die Sonne schien, und auf den Straßen war wenig Verkehr, so, als hätte die Zeit plötzlich einen Gang zurückgeschaltet.

*Die Brekkugata in Akureyri*

## ERINNERUNG

Als Mama neun Jahre alt war, wurde sie zu Bauersleuten in einer kleinen Kate am Svalbarðsströnd geschickt. Ihr selbst gefiel dieser Aufenthalt überhaupt nicht, und sie vermisste ihre Familie zu Hause in Akureyri Tag und Nacht. Eines Tages im Spätsommer quälte sie das Heimweh ganz besonders schlimm, und da stieg sie auf einen Hügel oberhalb des Gehöfts, hockte sich auf einen Stein und blinzelte angestrengt über den Fjord. Und auf einmal kam es ihr vor, als sähe sie ihre Eltern und Geschwister bei der Heuernte auf der Weide hinter dem Haus hier in der Brekkugata. Unwillkürlich reckt sie sich in die Höhe und schwenkt ihr rotes Halstuch. Die Leute auf der anderen Seite des Fjords schauen für einen Moment auf. Und winken zurück.

## MIT ZWÖLF FINGERN

Mama kam mit zwölf Fingern auf die Welt. An jeder Hand saß neben dem kleinen Finger noch ein klitzekleiner Zusatzfinger. Ihre Mutter war, wie nicht anders zu erwarten, darüber nicht erfreut gewesen, Also nahm sie Opas Rasiermesser, das sie zuvor in Spiritus gelegt hatte, und schnitt die überzähligen Finger einfach ab. Mama war damals drei Tage alt gewesen, und als der Arzt, Valdimar Steffensen, bald darauf zum Hausbesuch kam, war die Wunde verheilt. Da entfuhren dem Arzt die Worte, er selbst hätte das auch nicht besser hinbekommen. Die Finger wurden fortan in einer kleinen, mit Schnitzereien verzierten Schatulle aufbewahrt, die von allen »der Sarg« genannt wurde.

Als Mama älter war, zeigte man ihr die Finger, und von da an hütete sie sie wie einen Schatz. Manchmal nahm sie die Schatulle mit hinaus, wo sie auf der Weide hinter dem Haus mit den anderen Kindern spielte. Eines Tages sprang die Schatulle auf, und die Finger gingen verloren, und so sehr sie auch alles absuchten, sie tauchten nie wieder auf. Die Erde hatte sie wieder zurückgenommen.

*Meine Mutter, sieben Jahre alt*

# BOMMELN AM KLEID

Meine Mutter war einundachtzig, da zeigte sie mir eine Schwarzweißfotografie von sich, die aus dem Atelier E.H. Arnórsson in Akureyri stammte und im Jahr 1919 aufgenommen worden war. Sie steht vor einem großen Stuhl aus Birkenholz, die Miene ein klein wenig verschmitzt, das Haar üppig und so schwarz wie die »Federn«, die Davíð frá Fagraskógi in jenem Herbst veröffentlichte. Sie trägt ein dunkles, mit Blumen besticktes Wollkleid, dazu lange Strümpfe, und unter dem Kleid blitzt weiße Spitzenwäsche hervor. Um ihren Hals hängt ein kleines, silbernes Kreuz. Bis heute erinnert sie sich an die Farben des geflochtenen Gürtels, und daran, wie beruhigend es war, die Bommeln, die daran befestigt waren, durch die Hände gleiten zu lassen. Die ledernen Schnürschuhe hatte sie dagegen nie leiden können. Und dann beschreibt sie mir die unglaublichen Farbschattierungen dieses Gürtels mit äußerster Genauigkeit, wobei sie das Foto ins Licht hält und sagt, eigentlich könne sie mit ihren halb blinden Augen so gut wie gar nichts mehr erkennen.

## RAUFARHÖFN

Das Wetter war jetzt grau und düster, und über dem Eyjafjörður hing eine dicke Wolkenbank. Eine Gruppe ausländischer Touristen wartete vor der Bushaltestelle am Hotel. Bald nachdem der Bus abgefahren war, setzte Regen ein. Die meisten der Fahrgäste waren auf dem Weg nach Húsavík, und als wir dort ankamen, gab es einen kurzen Stopp, bevor es in einem anderen Bus in Richtung Osten weiterging. Auf der Melrakkaslétta kamen wir unter anderem an dem verlassenen Gehöft Skinnalón vorbei, einem rostfleckigen Geisterwohnsitz, der hin und wieder zwischen den Regenschleiern auftauchte.

Ich war der einzige Passagier, der in Raufarhöfn aus dem Bus stieg, und steuerte gleich das *Hótel Norðurljós* an, wo ich die Nacht verbringen wollte. Ich beschloss, dort im »Nordlicht« zu Mittag zu essen und bekam einen vorzüglichen Heilbutt serviert. An der Theke saßen drei junge Seeleute und beratschlagten, ob sie nach Húsavík zum Tanzen gehen sollten. Sie waren schon ziemlich besoffen und traktierten die Bedienung mit derben Sprüchen. Von meinem Platz aus konnte man den Hafen gut überblicken, und ich blätterte in Guðrún Björnsdóttirs Buch, um mehr über Oma Stefanías Jahre in Siglufjörður zu erfahren.

Am Tag darauf wollte ich weiter nach Langanes, dort hatten Stefanía und Opa Steinþór mit ihrer hungrigen Kinderschar eine kleine Bauernkate bewohnt. Sie waren damals um die dreißig und erst kurz zuvor aus Amerika zurückgekehrt, wo sie zwei Jahre gelebt hatten. Steinþór war immer kränklich und taugte wenig zur Arbeit; noch dazu hatte man bei ihrem kleinen Sohn Stebbi Tuberkulose im Knie festgestellt, und es stand lange

*In Þórshöfn*

auf der Kippe, ob man ihm das Bein würde abnehmen müssen oder nicht. Stefanía fuhr mit ihm nach Akureyri, um ihn behandeln zu lassen, und dort blieb sie mit dem Jungen den Winter über, ohne dass sich sein Zustand nennenswert besserte. Sie selbst war wieder schwanger, das Kind kam nach einer langen und mühseligen Geburt in Akureyri zur Welt. Etwa zur selben Zeit erreichte sie die Nachricht, dass auch ihr Mann Tuberkulose hatte und todkrank war. Da nahm sie ihr neugeborenes Mädchen und den kleinen Stebbi, der noch keineswegs gesund war, und machte sich auf den Heimweg zurück nach Osten. Als sie dort ankam, hatte man Opa Steinþór soeben beerdigt. Sie blieb allein zurück, ohne alles, mit sieben Kindern und wenig Aussicht auf Unterstützung. Aufgeben aber kam nicht in Frage.

Aus den Deckenlautsprechern rieselte die melancholische Stimme von Hank Williams, waschechter Regenwetterblues. Ich ging auf mein Zimmer und kritzelte in meinem Tagebuch. Plötzlich lastete Einsamkeit in der Luft, wie sie oft in Hotelzimmern zu finden ist, und ich fühlte mich in ein Bild von Edward Hopper verirrt; allein, nur mit meinem eigenen fahlen Schatten und ohne jemanden zum Reden.

Vor dem Abendessen machte ich einen Rundgang durch das Dorf; ich traf nur auf vereinzelte Autos, die gemächlich durch die Straßen kurvten. Doch als ich den kleinen Selbstbedienungsladen an der Hauptstraße betrat, um mir neue Zigarren zu besorgen, schien sich dort das halbe Dorf versammelt zu haben, überall zwischen den Regalen Leute, die lebhaft plauderten und debattierten.

# ÞÓRSHÖFN

Am nächsten Tag fuhr ich per Anhalter weiter nach Þórshöfn. Ich wurde von einem französischen Paar mitgenommen, die beiden waren auf der Ringstraße unterwegs und wollten einmal um ganz Island herumfahren. Sie sprachen verschwindend wenig Englisch und ich noch weniger Französisch, und dem entsprechend fiel die Unterhaltung während der Fahrt recht dürftig aus. Vor der Pension *Lyngholt* setzten sie mich ab, dort hatte ich eine Übernachtung gebucht. Der Zimmerpreis schloss die Benutzung der Küche mit ein, so dass ich mir Kaffee oder etwas zu essen machen konnte. Ich war nie vorher in Þórshöfn gewesen, also beschloss ich, einen kleinen Spaziergang zu unternehmen und die Gegend zu erkunden. Nicht weit vom Hafen entdeckte ich ein altes, halb zerfallenes Schwimmbad. Das Becken war bis zur Hälfte mit Kammmuscheln gefüllt, es war wohl sehr lange nicht in Gebrauch gewesen; die kleinen, gemauerten Umkleidekabinen standen offen, und überall wimmelte es von Fliegen und alten Erinnerungen.

Als ich in die Pension zurückkehrte, bat ich, das Telefon benutzen zu dürfen und rief im Landeskrankenhaus an, um nach dem Ergebnis der Blutuntersuchung zu fragen, die ich kurz vor meiner Abreise hatte machen lassen. Ich war erleichtert zu hören, dass es offenbar ziemlich gut aussah, trotzdem sollten weitere Tests gemacht werden, sobald ich wieder in der Stadt wäre. Auf meinem Rundgang durchs Dorf hatte ich Haferflocken und Blutwurst gekauft, fand in einem der Küchenschränke Zucker und Salz und kochte mir Hafergrütze.

Einen kleine alte Frau mit nach vorne gebeugten Schultern saß am Fenster und kaute an einer Scheibe Brot. Als ich meine Grütze verspeist hatte, bot ich ihr ein Glas Rotwein an, das sie dankend annahm. Sie hieß Ólöf und war zu einem Familientreffen hierher gekommen, das am Wochenende in Þórshöfn stattfinden sollte. Sie war ausgebildete Hebamme und hatte über ein halbes Jahrhundert lang Kinder auf die Welt geholt. Und während wir an unserem Rotwein nippten und der Regen gegen die Scheiben prasselte, erzählte sie mir einiges von dem, was sich damals auf der Hebammenstation zugetragen hatte, unter anderem die Geschichte von dem jungen Mädchen aus Grindavík.

Das Mädchen war hochschwanger und ging mit sich selber nicht eben gut um, sie rauchte viel und ernährte sich höchst unvernünftig. Ólöf schickte sie mit dem Bus nach Reykjavík, damit sie sich in der Krankenstation am Barónsstígur von einem Arzt untersuchen ließ. Der Freund des Mädchens begleitete sie, beide waren blutjung, fünfzehn oder sechzehn Jahre alt. Als Ólöf etwas später nachfragte, wie es ihr dort ergangen sei, antwortete sie ungerührt: »Das Wartezimmer war so voll, da haben wir's gelassen und sind ins Kino gegangen.« Schließlich war es so weit, die Geburt stand kurz bevor, und man hielt es für besser, einen Arzt hinzuzuziehen. Schon bald zeigte sich, dass das Fruchtwasser eine ungewöhnliche Farbe hatte, und als das Kind zur Welt kam, gab es keinerlei Lebenszeichen von sich. Der Arzt hielt es für tot, wickelte es in ein kleines Handtuch und legte es auf einem Tisch in der Zimmerecke ab. Doch Ólöf war es, als habe sie in der Augenbraue des Kindes ein winziges Zucken wahrgenommen. Zunächst aber galt es, sich um das Mädchen zu kümmern, also steckte Ólöf das Kind kurzerhand unter ihre Strickjacke, wo sie es zwischen ihren Brüsten verschwinden ließ, und half dann dem Arzt, die junge Mutter zu versorgen. Nach einer Weile begann das Kind schwache Laute von sich zu geben, der Arzt war fassungslos und konnte es kaum glauben. Das Gewicht des Kindes lag weit unter dem Durchschnitt, und es war schwach und kränklich.

Es war ein Junge, und als er erwachsen war, maß er beinahe zwei Meter und wurde einer der bekanntesten Basketballhelden von Grindavík.

Später bekamen die jungen Eheleute noch mehr Kinder, nun verlief bei ihnen alles reibungslos. »Das muss so um 1967 gewesen sein«, schloss Ólöf; »ich weiß nämlich noch genau, dass es das Austurbær-Kino war, in das sie damals gegangen sind«, nahm einen Schluck Rotwein und blieb noch lange in dieser Episode versunken.

BITABÖRN

Es war schon weit nach sieben, als mein Onkel Svanur mich in seinem gelben Landrover abholte. Es wurde ein fröhliches Wiedersehen. Svanur war frisch von seiner Frau geschieden und hatte sich von den Ausschweifungen der Hauptstadt mitreißen lassen; nun war er hier gelandet, um zur Besinnung zu kommen und sein Leben wieder in geordnete Bahnen zu lenken. Ich allerdings hatte meine Zweifel, ob Männer wie Svanur hier am richtigen Ort waren. Im Winter wollte er als Lehrer in der Grundschule von Þórshöfn arbeiten. Am Vormittag hatte ich ihm einen Besuch abgestattet, und wir hatten uns nach dem Abendessen in meiner Pension verabredet, um eine Fahrt an die Langanes-Küste zu unternehmen.

Die Regenwolken blieben uns treu, während wir auf der rötlichgrauen Schotterstraße über die Brekkuheiði ruckelten. Ehe wir uns versahen, erschien düster verhangen die Bucht von Bakkaflói. Wir folgten dem schmalen Weg hinauf nach Miðfjarðarnes, hier hatten Opa und Oma um die vorletzte Jahrhundertwende in bescheidensten Verhältnissen ihr Dasein gefristet. Nun steht dort ein einstöckiges Holzhaus mit grünem Wellblechdach, erbaut wohl um die Mitte des letzten Jahrhunderts. Heute ist das Haus längst verlassen, und doch scheint es jemand in der Zwischenzeit genutzt zu haben; die Gardinen vor dem Küchenfenster beiseite gezogen, auf dem runden Tisch eine vergilbte Ausgabe von *Morgunblaðið* und eine angebrochene Packung *Homeblest*-Kekse. Ein rostiger Traktor und ein alter Heuwender hinter dem Haus sind von Unkraut zugewuchert. Trotz der schlechten Lichtverhältnisse machte ich ein paar Fotos. Direkt hinter dem

*Der Autor in B., an ein Esso-Schild gelehnt*

Anwesen fließt die Miðfjarðará, eine geschwungene Betonbrücke spannt sich über das Wasser, für den Autoverkehr nicht mehr zu empfehlen. Ich trat auf die Brücke und lauschte dem Rauschen des Flusses, das mit dem Blöken der Schafe im Nieselregen zusammenfloss. Zwei Raben krächzten misslaunig vom Dachfirst herunter. Dann wurde es immer düsterer, drüben auf Hof Þorvaldsstaðir gingen die Lichter an. Dort, wo meine Urgroßmutter Ingveldur nach dem Tod ihres Mannes Stefán sich beim Bauern Þórarinn Árnason als Wirtschafterin verdingt hatte.

Auf Þorvaldsstaðir war auch Stefanías Bruder aufgewachsen, Magnús Stefánsson, der sich später den Dichternamen

Örn Arnarson zulegte. Magnús war vermutlich eins der letzten *bitabörn* Islands gewesen, wie mir eine alte Frau erzählt hatte, deren Vorfahren ebenfalls aus dem Ostland stammten; *bitabörn*, das waren minderjährige Kinder, die selbst nie etwas auf den Teller bekamen, sondern davon lebten, dass ihnen die Hausgenossen bei Tisch etwas von ihren Portionen abgaben; wobei jeder selbst entschied, wie viel oder wenig er ihnen zusteckte. Doch seine Mutter Ingveldur hatte, so hieß es, bei Tisch stets großzügig ausgeteilt, und so musste der kleine Magnús nie Hunger leiden. Mir war es immer rätselhaft geblieben, warum eine Mutter ihrem eigenen Kind nicht den Teller füllen durfte.

Die Gegend dort am Fluss wirkte an diesem Abend kalt und eintönig, alles war nebelverhangen. Während wir vom Vorplatz rollten, sah ich das Haus im Rückspiegel allmählich immer kleiner werden und schließlich ganz verschwinden.

Nach kurzer Fahrt parkten wir an der Kirchenmauer von Skeggjastaðir. Auch dort im Pfarrhaus war keine Menschenseele, nur die Toten hießen uns willkommen. Ich suchte nach dem Grab von Opa Steinþór, konnte jedoch nichts finden, vielleicht hatte man die Gräber auch nie mit Namen versehen. Stattdessen fand ich die Kreuze von Ingveldur und Þórarinn auf Þorvaldsstaðir.

Der Regen hat vorerst aufgehört, und das Meer vermischt sich mit der bleigrauen Wolkenbank, die sich tief über dem Bakkaflói ausbreitet.

Das Dörfchen Bakkafjörður liegt direkt am offenen Meer, von dort ist es nicht weit zu den ergiebigen Fischgründen. Hier stach Magnús Stefánsson eines Sommers mit einem Fischerboot in See und ging mit seinem besten Freund, dem späteren Arzt Þórhallur Jóhannesson, auf Fischfang. Ein Austernfischer trippelt über den nassen Asphalt, ein struppiger Straßenköter tut, als sehe er ihn nicht. Eine einsame Telefonzelle und zwei Zapfsäulen vor dem Verkaufskiosk. Es ist neun Uhr und alles geschlossen. Auf dem Felsvorsprung am Hafen steht ein großes, mit Wellblech verkleidetes Holzhaus. Das muss der alte Dorfladen sein, inzwischen halb verfallen und die Fenster größtenteils mit Brettern vernagelt.

Und doch weht hier noch immer der Geist der alten Zeit, Pferde, an dicken Steinen festgemacht, und Segel draußen auf der Bucht.

Das Haus wurde kurz nach 1900 erbaut; hier hat auch Stefanía als junges Mädchen an der Ladentheke gestanden, vielleicht hat sie Leinenborte gekauft, für ein Kleid, oder um sie sich ins Haar zu binden. Unterhalb des Ladens ist ein alter, gemauerter Bootssteg, vielleicht war es hier, wo sie an Bord ging und sich mit ihren fünf Kindern nach Siglufjörður aufmachte. Wahrscheinlich hat ein Beiboot die Leute abgeholt, sie dann zu einem größeren Passagierschiff hinausgerudert. Und sicher hatte sie ihre letzten Öre in die Überfahrt investiert. Hatte sie Geschirr und Küchengeräte dabei? Hielten die Kinder Spielsachen in der Hand? Hatten sie überhaupt irgendwas zum Spielen außer Tierknöchelchen und Muscheln, die an der Hausmauer in Miðfjarðarnes zurück-

*Oma und Opa: Stefanía Stefánsdóttir und Steinþór Árnason*

geblieben waren? Wenn ich jetzt einfach nach dem Telefonhörer greifen und anrufen könnte.

Auf dem Rückweg Nieselregen und hereinbrechende Dämmerung. Wir fuhren an Djúpilækur vorbei, wo der Dichter Kristján seine Kindheit verbracht hatte. In Þórshöfn setzte Svanur mich vor der Pension ab. Am nächsten Tag wollten wir uns wieder treffen und über die Hochebene nach Vopnafjörður fahren.

Ich nahm Gröndals Lebenserinnerungen, setzte mich damit auf den Balkon des Gästehauses und steckte mir eine Zigarre an. Von hier aus hat man einen Blick über das ganze Dorf, es beginnt aufzuklaren, und auf den Dorfstraßen ist erstaunlich viel Betrieb, spielende Kinder und Spaziergänger, die im milden Abendlicht unterwegs sind.

## VOPNAFJÖRÐUR

Am Tag darauf kletterte das Thermometer auf zwanzig Grad, während wir uns im Landrover über die Hochebene von Sandvík kämpften. Nach einer Weile sahen wir unter uns Vopnafjörður liegen. Auf dem Autowaschplatz bei der Tankstelle verabschiedete ich mich von Svanur. Er hatte hier etwas zu erledigen und wollte anschließend nach Þórshöfn zurück. Ich hatte ihn allerdings stark im Verdacht, dass er schnurstracks das nächste Alkoholmonopol ansteuern wollte, er hatte eine leichte Schnapsfahne, und sein Gesicht war aufgedunsen wie nach einer durchsoffenen Nacht. Mich traf sein trauriger Blick, und ich drückte ihn fest an mich, vielleicht hätte ich länger bleiben sollen, wie oft hatte er mir mit Rat und Tat beiseite gestanden, und ich wurde das Gefühl nicht los, dass ich ihm noch etwas schuldig war.

Ein Tankwart in einem zerschlissenen ärmellosen Hemd spritzte den Autowaschplatz ab und richtete seinen Schlauch hin und wieder auf einige Kinder, die jedes Mal kreischend auseinanderstoben und vor der kalten Dusche Reißaus nahmen. Ich besorgte mir einen Mittagsimbiss im *Kaupvangur*, dem großen, neu renovierten Lebensmittelladen, der nun als Kulturzentrum und Touristeninformation eine neue Aufgabe gefunden hatte.

An den Wänden der Cafeteria hingen Unmengen von Fotografien, die von den Amerikafahrten der isländischen Auswanderer erzählten, denn hier in Vopnafjörður begann damals für viele Isländer die große Fahrt in Richtung Neue Welt. Die Hausverwalterin ließ mich in den *Vesturskrárnar* blättern, einem Register, das vor ein paar Jahrzehnten zusammengestellt worden war und die Namen fast aller derer verzeichnet, die damals

die Reise über den Ozean antraten. Auch Steinþór und Stefanía finde ich hier, beide sind neunundzwanzig Jahre alt, als sie im Jahr 1904 mit ihrem dreijährigen Sohn Árni in Vopnafjörður das Dampfschiff *Camoens* besteigen. Das Buch vermerkt Þorvaldsstaðir als ihren Heimatort. Auf derselben Liste steht auch Stefanías jüngere Schwester Ragnheiður, die also auf der Fahrt über den Atlantik ihre Reisegefährtin gewesen war.

Ich schlenderte zum Hafen hinunter und setzte mich auf einen Poller. Ein Boot durchschnitt die glatte Wasseroberfläche, kreischende Küstenseeschwalben hielten Ausschau nach etwas Essbarem. Eine faulige Wolke quoll aus dem halb verwesten Kadaver eines Schweinswals, der im flachen Wasser zwischen Holzabfällen und alten Plastikkanistern dümpelte; der Gestank war so überwältigend, dass ich zurücktaumelte und das Weite suchte. Hoch über meinem Kopf hinterließ ein winziger schwarzer Punkt am Himmel eine weiße Spur.

Sie waren jung und frisch vermählt. Es war das Jahr 1904. Drei Jahre zuvor war ihr Sohn Árni zur Welt gekommen. In einem Beiboot rudern sie von Þorvaldsstaðir hinüber nach Vopnafjörður. Árni auf dem Arm seines Vaters, Stefanía mit einer kleinen Reisetasche, einen Kleidersack zu ihren Füßen. In Vopnafjörður lassen sie sich beim Fotografen Hallgrímur Einarsson ablichten, wahrscheinlich die erste Fotografie, die von den beiden gemacht wurde und wohl auch die einzige, die von Steinþór überhaupt existiert. Am Tag darauf gehen sie an Bord der *Camoens* (jenes Schiff, mit dem auch der Bibliothekar und Schachliebhaber Willard Fiske im Jahr 1879 von Schottland nach Island herüber gekommen war), die sie von Vopnafjörður nach Westen über den Ozean bringen sollte. Die *Camoens* war ein schnelles, komplett mit Dampf betriebenes Hochseeschiff. Als die Wellen immer mächtiger werden und sie an Deck klettern, um frische Luft zu schnappen, klatschen ihnen Gischtfetzen ins Gesicht. Unter Deck konnte die Luft unerträglich stickig werden, denn neben vielem anderen gehörten auch Pferde zu der Ladung des Auswandererschiffes.

In Amerika angekommen, bezogen sie nicht weit vom Lake Winnipeg eine provisorische Behausung. Bebauten das Land und betrieben Viehwirtschaft. Aber Steinþór vertrug das Klima nicht und erlebte in der neuen Heimat kaum einen gesunden Tag. Sie lernten so gut wie kein Englisch und hatten mit nur wenigen Kontakt, allenfalls mit Indianern, die dort am Seeufer in ihren Zeltdörfern lebten. Für Stefanía muss es gewesen sein, als sei sie ihren eigenen Schwestern begegnet, als sie sprachlos diesen stattlichen Indianerfrauen gegenüberstand, mit ihren jüngsten Kindern in Tragekörben auf dem Rücken und den etwas größeren auf dem Arm. Hier kam es zu einer seltsamen Berührung zweier Welten, die unterschiedlicher nicht hätten sein können. Stefanía ließ sich von den Indianerinnen manches beibringen und verehrte sie für ihre Geschicklichkeit. Später hat sie oft davon gesprochen, wie schön die Messer der Indianer gewesen seien. Indianer erledigten schließlich alles mit dem Messer, bearbeiteten Leder, schnitzten Pfeile, verzierten Holz, schnitten ihre Nahrung.

Viele Jahre danach erzählte Stefanía ihrem Enkel Geschichten über die Indianer am Lake Winnipeg und über ihre Waffen. Dieser Junge sollte später ebenfalls einmal Messer und Klingen produzieren und damit weithin bekannt werden. Nicht jedoch als Waffen, sondern als Kunstobjekte, von denen viele nicht nur ein Beispiel gestalterischer Schönheit waren, sondern auch die kaputte Zeit abbildeten, in der er lebte. Das war der kleine Nonni, der Bildhauer Jón Gunnar Árnason.

## WIEDER NACH HAUSE

Knapp zwei Jahre blieben sie in Amerika, dann kehrten sie nach Hause zurück. Steinþór haderte mit seinem Schicksal, und vielleicht hatten sich die Anzeichen der Tuberkulose ja schon damals bei ihm bemerkbar gemacht. Also bestiegen sie noch einmal die Gangway der *Camoens*, doch diesmal steuerte das Schiff zurück in die isländische Heimat, wo nichts als Armut und Mühsal auf sie wartete. Als sie in Seyðisfjörður an Land gingen, soll Steinþór auf dem Bootssteg seine Frau geküsst und gesagt haben: »Jetzt kann ich sterben.« Und das tat er, zwölf Jahre später, Kinder hatte sie mittlerweile sieben. Der Weg führte sie zurück nach Bakkafjörður, wo sie dann auf Miðfjarðarnes einen bescheidenen Hof bewirtschafteten. Die Sonne glänzte auf dem Fjord, doch schon bald zogen düstere Wolken auf. Leid und Krankheit sollten die Familie auf harte Proben stellen.

## WIE URGROSSVATER ERTRANK

Kaum ein paar Meter Sicht auf dem aufgewühlten Bakkafjörður, wo Männer auf vorzeitlichen Booten zum Fischfang hinausfahren und manchmal Schiffbruch erleiden; an diesem Strand werden die Leichen der Ertrunkenen nur selten wieder an Land geschwemmt. Es ist ein nasskalter Herbsttag, Stefán reitet am Ufer der Miðfjarðará entlang durch den Nebel und hält nach verirrten Schafen Ausschau. Seine Frau Ingveldur sitzt mit dem zweijährigen Magnús zu Hause in der Kate. In den Hungerjahren nach 1880 war die Armut so groß, dass die Eheleute ihren Hof aufgegeben hatten und sich am Miðfjörður als Dienstleute verdingen mussten. Ihre fünf Töchter brachten sie bei Zieheltern unter, doch Magnús nahmen sie mit. Ingveldur schürt das Herdfeuer, Magnús hockt auf dem Lehmfußboden mit seinen Tierknöchelchen. Auf einmal hört sie ein Pferd mit den Hufen schlagen, dann ein Wiehern. Das Pferd steht im Nebel, mit leerem Sattel und lose baumelndem Zaumzeug. Ingveldur geht hinaus, um nach ihrem Mann zu suchen. Er kommt nicht. Auf dem Hof wohnt auch ihre Schwester, die schickt man zum Nachbargehöft hinüber um nachzufragen, ob dort jemand etwas von ihm weiß. Irgendwas ist passiert. Man startet eine Suchaktion, die erfolglos bleibt. Am nächsten Morgen wird Stefáns Leiche an der Mündung der Miðfjarðará gefunden, alle sind sich einig, dass er von seinem Pferd gestürzt und im Fluss gelandet sein müsse. Kaum ein paar Tage später kommt der Gemeindevorsteher auf den Vorplatz geritten, um ihr Hab und Gut zu schätzen. Der Gemeinde entgeht nichts.

# GROSSVATERS TOD

Steinþór starb jung und hinterließ ebenso wie sein Schwiegervater eine große Kinderschar. Die Krankheit, die ihm den Tod brachte, war die Tuberkulose, die sich wahrscheinlich schon lange in seinem Körper eingenistet hatte. Während ihr Ehemann auf dem Sterbebett lag, war Stefanía oben in Akureyri, auf der Suche nach Heilung für ihren Sohn Stebbi. Und die Geschichte wiederholte sich. Als sie kurz nach der Beerdigung mit dem schwindsüchtigen Jungen und ihrem neugeborenen Mädchen wieder im Ostland ankam, hatte man ihren Hof bereits aufgelöst und den größten Teil ihres kleinen Haushalts zur Zwangsversteigerung freigegeben.

An einem kalten Frühlingstag steht sie am Grab ihres Mannes auf dem Kirchhof von Skeggjastaðir, die Kinder klammern sich an ihrem langen, wollenen Rock, eines wärmt sie an ihrer Brust. Hin und wieder schaut sie in die dunklen Wolkentürme hinauf und denkt sich, wie teuer es doch ist, arm zu sein. Und dann sagt sie seelenruhig zu ihrer Kinderschar: »Warten wir ab und machen uns erst mal Kakao.«

# NACH SIGLUFJÖRÐUR IM SOMMER 1915

Fast die gesamte Habe von Steinþór und Stefanía wurde versteigert. Nur die Federbetten hatte sie behalten. Und jetzt war Kraft und Zähigkeit gefragt. Stefanía, eine Witwe mit sieben Kindern, war ganz auf sich gestellt. Doch sie brachte zwei ihrer Söhne bei Zieheltern unter, den einen auf Þorvaldseyri und den anderen bei Freunden dort im Ostland; dann schob sie die restliche Kinderschar in Vopnafjörður die Schiffsrampe hinauf, im Arm das kleine, erst ein paar Wochen alte Mädchen, das sie in einen Wollschal gewickelt hatte. Der Himmel über dem Fjord leuchtete hell an jenem Morgen, doch ihre Augen konnte die Sonne nicht zum Leuchten bringen.

Auf Skjöldólfsstaðir gibt es ein Schnellrestaurant und einen Kiosk, hier legt der Bus einen kurzen Zwischenstopp ein. Ich bekomme einen ziemlich wässrigen Kaffee und ein umso besseres Roggenbrot mit Leberpastete; für eine Zigarre ist es noch zu früh. Wenig Betrieb, jetzt im Sommer, sagt der Mann hinter der Theke und nimmt seine Schirmmütze ab, während er mit mir ein paar Worte wechselt. In der ersten Hälfte des letzten Jahrhunderts war Ragnheiður Stefánsdóttir, die Schwester meiner Großmutter, Hausherrin auf Skjöldólfsstaðir. Damals hatten es die Schwestern nicht leicht, zueinander zu kommen; in einer Zeit, in der über die meisten Flüsse noch keine Brücken führten und als einziges Verkehrsmittel zu Land oft nur das Pferd übrig blieb. Wenn die Geschwister nach einem Treffen auseinander gingen, war es keineswegs gewiss, dass sie sich jemals wiedersehen würden. Stattdessen schrieb man sich Briefe, und so hat Stefanía den Kontakt zu ihrer Schwester auf Skjöldólfsstaðir gehalten. Und zweifellos hat sie die Bilder aus dem Jökuldalur immer in ihrer Erinnerung mit sich herumgetragen. Ob sie aber einen Regenbogen gesehen hat, der aus einem dampfenden Gletscherfluss aufsteigt und eine gescheckte Kuh, die den Schwanz hebt und auf ein Polster Butterblumen pinkelt, ist schwer zu sagen; das jedenfalls ist das Bild, das ich jetzt vor Augen habe, während ich hier draußen auf dem Steinpflaster an dem grünen Plastiktischchen sitze und meinen lauwarmen Kaffee schlürfe.

## NACH HAFNARFJÖRÐUR

Im Kriegssommer 1940 darf der kleine Nonni, damals knapp zehn Jahre alt, mit seiner Oma Stefanía nach Hafnarfjörður fahren. Unten am Lækjartorg in Reykjavík steigen sie in den Omnibus. Überall auf den Straßen sieht man Militär, auch im Bus sitzen zwei britische Soldaten. Stefanía ist wenig erbaut über diese Gesellschaft, und der Junge spürt das. Die Strecke nach Hafnarfjörður hinaus ist nicht geteert, und an Sommertagen wie diesem hängt über dem trockenen Straßenschotter eine dichte Staubwolke.

In der Strandgata steigen sie aus, Stefanía nimmt Nonni an die Hand und läuft mit ihm hinüber zum *Hótel Hafnarfjörður*, in dem ihr Bruder Magnús logiert. Der Junge kann es kaum erwarten, endlich diesen Onkel zu Gesicht zu bekommen, über den in der Familie so viele Geschichten kursieren. Damals bewohnt Magnús im Hotel ein kleines Dachzimmer. Sie steigen eine steile Treppe hinauf, die Stufen knarren. Magnús lässt sie auf der Schlafcouch Platz nehmen, und sie schauen sich in seinem Zimmerchen genauer um. Magnús' weltliche Habe war immer bescheiden, denn etwas zu besitzen hatte ihn nie sonderlich interessiert. Es schien ihm vollkommen gleichgültig zu sein, ob er etwas zu beißen hatte oder nicht. Neben dem Bett steht ein Bücherbord, und unter dem Mansardenfenster duckt sich ein winziger Schreibtisch. Vor kurzem hat er sich eine Schreibmaschine zugelegt; ein Blatt ist eingespannt, offenbar hat er gerade geübt. Eine Holzkiste auf dem Fußboden beherbergt seine Steinesammlung; Pflanzen sammelt er ebenfalls, zwischen große Aktendeckel gepresst, jedes Kraut mit seinem isländischen sowie dem lateini-

*Jón Gunnar Árnason in seiner »Gedanken-Sendestation« im Künstlerzentrum Korpúlfsstaðir*

schen Namen versehen. Das also war die sichtbare Ausbeute seiner Spaziergänge. Mit Magnús' Gesundheit war es in den letzten Monaten rapide bergab gegangen. Er stapft nicht mehr länger zu Fuß durch die Gegend, das sieht Nonni. Magnús streicht ihm über den Kopf und will wissen, was er werden will, wenn er groß ist. Zimmermann, antwortet der Junge. Zimmermann ... und Dichter, fügt er hinzu. Dann lädt Magnús die beiden nach unten in den Speisesaal zu einer kleinen Stärkung ein. Sie sitzen am Fenster und schauen hinaus über die sonderbar geformten Lavafelsen, Spalten und Höhlen: In den Augen des Jungen eine wahre Zauberwelt. Die Geschwister verstehen sich ausgezeichnet. Sie haben sich schon immer nahe gestanden, auch wenn zwischen ihren Treffen oft viel Zeit vergangen war. Jón Gunnar hört zu, prägt sich alles ein. Später würde auch er über Schiffe und Segel dichten, ganz wie sein Großonkel Magnús. Doch seine Gedichte baute er aus Eisen und Stahl.

## UNERWARTETER BRIEF

Im August 1937 erhielt Magnús unerwartet Post aus Manitoba, Kanada. Die Handschrift des Briefes ziemlich kindlich, aber klar. Ganz oben auf dem Blatt steht in großen Lettern der Name Örn Arnarson. Der Brief kommt aus Arnes, Manitoba.

Mr Magnús Stefánsson.

Ich habe die fixe Idee, dass Sie mein Bruder sein könnten, von dem ich viele Jahre lang nichts gehört habe. Also schreibe ich Ihnen diese Zeilen, denn ich wüsste so gerne, ob das stimmt. Ich heiße Ragnheiður Stefánsdóttir, wurde auf Kverkártunga an der Langanes-Küste vor knapp sechzig Jahren geboren, segelte 1904 zusammen mit meiner Schwester Stefanía und ihrem Mann Steinþór nach Amerika. Sind Sie mein Bruder Magnús, der während der letzten drei Jahre, die ich zu Hause auf Þorvaldsstaðir verbrachte, mit mir dort lebte, wenn ja, bitte ich Sie, mir zu schreiben, sobald es Ihnen möglich ist, und, sollten Sie wissen, wo sich unsere Schwester Stefa aufhält, auch ihr einen Gruß auszurichten, und dass ich sie bitte, mir ebenfalls zu schreiben. Ich lebe noch immer am selben Ort und im selben Haus wie damals. Mir geht es gut, so wie uns allen. Ich schreibe nichts Näheres über meine Verhältnisse, bevor ich eine Antwort von Ihnen habe, damit ich weiß, wem ich dies schreibe, und sollten Sie ein anderer, mir vollkommen fremder Mann sein, bitte ich Sie, mir diesen Irrtum zu verzeihen freundlichst Ragnheiður Stefánsdóttir.

P.S. Ich möchte Sie bitten, wenn Sie mir schreiben, Ihre Adresse auf dem Brief deutlich und gut leserlich zu vermerken. Dito.

Im Oktober desselben Jahres wird ein zweiter Brief über den Ozean gesandt, doch nun wird kein unbekannter *Mister* angesprochen; offenbar hat Magnús seiner Schwester geantwortet, obwohl ein solcher Brief nicht erhalten ist:

Mein lieber Bruder.

Einen allerherzlichsten Dank für den Brief und die Bilder. Und wie ich mich über beides gefreut habe. Ich habe auch ein Bild von dir, Mama hat es mir einmal geschickt. Da warst du etwa zwanzig. Du hast dich seitdem äußerlich sehr verändert, aber ich gewiss nicht weniger. Am 5. October im vergangenen Herbst bin ich 60 Jahre alt geworden, bin fast weiß an Haaren und tauge nicht mehr zur Arbeit; ich bin sicher, dass Stefa dir erzählt hat, wo ich damals untergekommen war, als sie nach Hause zurückkehrte. Dort bin ich noch immer und werde es auch bleiben, bis man meinen Leichnam in die Erde hinablässt. 1907 habe ich geheiratet, mein Mann heißt Jon Jonasson und wir hatten 6 Kinder, 2 sind schon verstorben …

Und weiter unten im selben Brief heißt es:

Bis 1914 haben Mama und ich Briefe ausgetauscht, dann bekam ich den letzten von ihr. Danach habe ich ihr noch ein paar Mal geschrieben, bekam aber keine Antwort mehr, und nun, wo ich erfahren haben, dass sie tot ist, sehne ich mich kaum noch nach Hause zurück. Wenn ich an meine Jugendjahre zurückdenke, überläuft mich ein Schauer, aber all das ist ja nun vorbei, und ich danke Gott dafür, dass es meinen eigenen Kindern besser ergehen durfte, und bin dankbar dafür, dass ich damals hierher nach Amerika kam. Doch wie herrlich war die isländische Natur, wenn die Zeiten gut und die Sommernächte taghell waren. Hier sind die Nächte das ganze Jahr über gleich dunkel.

Es folgten noch weitere Briefe zwischen den Geschwistern Magnús und Ragnheiður. Auch Stefanía machte einen Versuch und faltete einen Luftpostbogen zu einem Umschlag. Nach fünfunddreißig Jahren, getrennt durch den Atlantik, hatten sich die Geschwister wieder gefunden.

»An einem sonnigen Hochsommertag im Jahr 1942 rief man mich an und fragte, ob ich nicht hinunter nach Hafnarfjörður kommen wolle, denn dort werde Magnús Stefánsson zu Grabe getragen. Ich muss gestehen, ich habe erst einmal nachdenken müssen, bis der Name mir etwas sagte: so unbekannt war der Autor des Lyrikbandes *Illgresi* seinen Zeitgenossen. Dabei waren die Gedichte von Örn Arnarson damals alles andere als ein Geheimtipp, ganz im Gegenteil, die meisten davon waren hierzulande über zwanzig Jahre lang in aller Munde. Der Mensch aber, der sich hinter diesem Pseudonym verbarg, war ein rätselhafter Unbekannter, den selbst seine schreibenden Kollegen nie zu Gesicht bekommen hatten oder Näheres über ihn wussten; und so mussten die meisten lange grübeln, bis ihnen klar wurde, wer da gestorben war.« So beschreibt Halldór Laxness in einem Nachruf den Tod seines Dichterbruders.

Als Magnús starb, fand man unter seinem Kopfkissen ein gerade erst verfasstes Gedicht. Es handelt sich um *Þá var ég ungur (Damals war ich jung)*, jenes Gedicht, das Halldór Laxness kurz darauf bei Magnús' Beerdigung in der Kirche von Hafnarfjörður hören sollte, wo Pfarrer Jakob Jónsson es anstelle einer Leichenpredigt vortrug. Halldór nannte es Magnús' wertvollstes Werk und zählte es zur bedeutendsten und anrührendsten Dichtung in isländischer Sprache überhaupt. In diesem Gedicht schaut Magnús, gewissermaßen auf dem Sterbebett, auf sein Leben zurück. In den letzten Zeilen erscheint ihm seine Mutter, die früher an seiner Wiege gesessen hatte, um ihn ein letztes Mal in den Schlaf zu singen. Doch diesmal ist es der Schlaf der Ewigkeit.

Der Dichter Örn Arnarson

Magnús starb am 25. Juli 1942 im St. Jósefs-Spital in Hafnarfjörður. Er hatte ein schwaches Herz, so dass ihn schon die kleinste Aufregung aufs Krankenlager warf. Im Jahr 1935 war bei ihm überraschend ein Herzfehler entdeckt worden, und seitdem hatte er nicht mehr arbeiten können. In seinen letzten Jahren war er immer wieder ans Bett gefesselt, in dieser Zeit hörte er viel Radio und verfasste unter dem Pseudonym »Þorsteinn Karlsson« treffende und unterhaltsame Glossen über das isländische Rundfunkprogramm.

Magnús hatte die Fünfzig bereits überschritten, als er sich eine alte Schreibmaschine zulegte, einen ausgedienten Klapperkasten, auf dem er es aber zu erstaunlicher Geschicklichkeit brachte. Häufig saß er mit ausgestreckten Beinen in seinem Bett, hatte die Maschine auf den Knien und hämmerte irgendwelche Texte in die Tasten, an denen er gerade herumbastelte, er übernahm sogar fremde Schreibarbeiten und ließ sich dafür bezahlen wie eine gewöhnliche Schreibkraft. Und diese Schreibmaschine war es auch, auf der er sein letztes, sein kostbarstes Gedicht getippt hatte.

Als ich mich an einem anderen sonnigen Sommertag auf dem Friedhof von Hafnarfjörður an Magnús' Grab setze, fliegt eine Drossel herbei, lässt sich auf einem Zweig nieder und zwitschert ein Sommerlied. Ich strecke mich im Gras aus und schließe die Augen, um sie vor dem grellen Licht zu schützen, und dann nicke ich ein und lasse mich davontreiben, bis mich das Knattern einer Motorsense jäh hochschrecken lässt.

## SPAZIERGÄNGE

Der Strand und die Lavafelder westlich von Hafnarfjörður waren für Magnús, solange er dort wohnte, das Territorium seiner fast täglichen Wanderungen. Wenn er dort, meist in einem grauen Anzug und mit einem Gehstock ausgerüstet, am Strand unterwegs war, sammelte er Muscheln und Steine und beobachtete die Brutplätze der Vögel. Diese Spaziergänge weckten die Neugier der Kinder, die dort in den Bauernkaten wohnten, und der Schriftsteller Stefán Júlíusson, der in einer dieser Hütten aufwuchs, sollte Magnús' Erkundungstouren am Strand und durch die Lavalandschaft später in seinen biographischen Skizzen *Mörg er mannsævin* (»Vielfältig ist das Menschenleben«) beschreiben. Denn diese Gegend, in der Magnús damals herumstreifte, war nichts anderes als die Bühne, auf der die Helden aus den Kinderbüchern von Stefán Júlíusson ihr Unwesen trieben. In einem dieser Bücher huscht auch Magnús selbst ein paar Mal durchs Bild.

Hin und wieder, wenn Magnús an den Fischtrockenplätzen vorbeikam, während die Leute gerade bei der Arbeit waren, geschah es, dass er einen eingängigen Vierzeiler oder eine Gedichtstrophe aufschnappte; man lachte, und dann fiel der Name Örn Arnarson. Doch obwohl er beinahe tagtäglich dort unterwegs war, wussten nur die wenigsten, dass dieser sonderbare Wanderer der Urheber jener Verse war, mit denen sie sich ihre Arbeitszeit verkürzten. Magnús war Zeit seines Lebens auf der Flucht vor Ruhm und Öffentlichkeit. Der Privatmann, der sich hinter einem Allerweltsnamen verbarg: Magnús Stefánsson, Gemeindesekretär.

# AUF DEN STUFEN VOR DER BIBLIOTHEK

Die durchdringenden Schläge unten am Hafen, wo gerade das alte Kühlhaus abgebrochen wird, zerreißen die Stille des Herbsttages. Vertrocknetes Laub wirbelt um meine Füße, während ich die Austurgata in Hafnarfjörður entlangschlendere. Auf den Stufen vor der Bibliothek im Mjósund kauern zwei kurzgeschorene Dreikäsehochs und blättern in ihren Comics. Hier trat Magnús in den späten Dreißigerjahren eine Stelle als Bibliothekar an, die er aber kurz darauf aus gesundheitlichen Gründen wieder aufgeben musste. Damals logierte er im *Hótel Hafnarfjörður*, doch dort bereitete es ihm größte Schwierigkeiten, vom Speisesaal aus die Hoteltreppe hinauf in sein Zimmer zu kommen – ihm, dem Wandersmann, der einst kreuz und quer durch ganz Island marschiert war.

Ich gebe ein paar Bücher zurück, die bereits abgelaufen sind, und begleiche die angefallene Mahngebühr. Das Unkraut zwischen den Lavafelsen hinter der Bibliothek ist schon halb verwelkt, nun gibt es nichts mehr, was die letzten Spuren dieses Sommers noch länger hält.

## DIE MÜTZE TIEF INS GESICHT

Aus einem Brief Magnús Stefánssons an S.H. auf den Vestmannaeyjar; ohne Jahreszahl:

*Hótel Oddeyri, 10 Uhr Abends*

Lieber Freund!

Ich schreibe dir aus einem Schaukelstuhl, mit dem Briefbogen auf den Knien. Der Anlass meines Briefes ist – abgesehen von meinem Dank für alles, was hinter uns liegt – meine Bitte, dich um den Wechsel zu kümmern, zu dessen Ausstellung ich dich im Sommer verleitete; er wird zum Ende des nächsten Monats fällig. Heute habe ich eine Geldsendung über 110 Kronen an dich zur Post gebracht, sowie das unterschriebene Wechselformular. Nun musst du versuchen, Aufschub zu beantragen sollte das nicht gelingen, lass es mich wissen, bevor die Summe fällig wird.

Von meiner Seite aus gibt es nicht viel zu berichten, außer, dass ich hier sitze, obdachlos, orientierungslos, arbeitslos und ohne klaren Verstand, und doch ein gutes Leben führe, und alles auf anderer Leute Kosten und Risiken. Nie zuvor ist mir ein solcher Ehrenplatz zuteil geworden, nie habe ich mich derart beherbergen und durchfüttern lassen, ohne das Geringste dafür tun zu müssen. Doch man lernt ja immer dazu.

Neulich fiel mir der Gedichtband von Örn Arnarson in die Hände, ich habe aber bisher noch nicht hineingeschaut. Das Buch hat ein anständiges Äußeres, was auch immer drinstehen mag. Solltest du einmal Zeit finden, mir zu schreiben, würde es mich freuen zu hören, was die Leute über dieses Büchlein sagen und wie es sich bei euch auf den Vestmannaeyjar verkauft.

Du brauchst nicht zu befürchten, dass ich es mir zu Herzen nehme, wenn manch einer die Nase rümpft, und erst recht nicht, dass ich nachtragend sein könnte. Präge dir also alles genau ein, das Lob wie den Tadel, was dir über dieses Werk zu Ohren kommt, und lass es mich wissen.

Akureyri ist ein idealer Ort. Hier kennen mich nur die wenigsten, was ich sehr genieße, da es mir Ruhe und Frieden verschafft. Hier kann ich den ganzen Tag umherstreifen, kreuz und quer, beide Hände in den Hosentaschen und die Mütze tief ins Gesicht, ohne dass es auch nur einer Menschenseele einfiele, das Wort an mich zu richten.

Ja, mein Lieber, hierzu fällt mir ein – selig sind die Armen, denn ihnen gehört das Himmelreich, will sagen: denn sie sind ohne Sorgen. wir anderen aber, wir Großbesitzer und Krämerseelen, wir können uns nie mehr unbekümmert am Kopf kratzen – wir sind niemals sicher, denn Feuer und Wasser, Steinschlag, Erdrutsch und missgünstige Menschen sind überall und umzingeln uns von allen Seiten.

Nun lebe wohl
grüß mir alle
Dein aufr.
Magnús Stefánsson.

## VESTMANNAEYJAR

Steht man an einem sonnigen Tag auf dem Höhenzug bei Kambabrún und schaut hinunter ins Land, dann schweben die Inseln über der Wasseroberfläche wie Schiffe in voller Fahrt, die in blauer Ferne vorbeisegeln. Im Jahr 1911 ließ Magnús sich auf den Vestmannaeyjar nieder, wo er den größten Teil der Zeit als Gemeindesekretär arbeitete. Die eigentümliche Schönheit der Vestmannaeyjar schien einen starken Einfluss auf ihn auszuüben, und die Küste mit ihrem Vogelleben bot dem Naturkundler Magnús reichhaltiges Anschauungsmaterial. Auch lernte er dort ein wunderbares Mädchen kennen, und die Liebe erwachte. Es wurde hell um ihn herum, und er glaubte, glücklichen Tagen entgegenzusehen, doch dann brach das Mädchen ganz plötzlich die Freundschaft ab, und Wolken zogen vor die Sonne. Kurz darauf reiste Magnús nach Siglufjörður, um seine Schwester zu besuchen. Sie war über die jüngsten Geschehnisse nicht im Bilde und glaubte, ihm erklären zu müssen, von der Liebe habe er noch keine Ahnung. Kurz darauf schickte er ihr anstelle einer Antwort ein Gedicht, das mit folgenden Zeilen schloss:

*Du siehst mich noch immer als kindlich und klein*
*Doch täuscht' ich dich, Schwester, und du fielst drauf rein!*

Später hat Magnús nie wieder so viel zu Papier gebracht wie in dieser Zeit auf den Inseln. Hier entstand ein Großteil jener Gedichte, die in der ersten Ausgabe von *Illgresi* erschienen. Seine unglückliche Liebe mag dabei eine gewisse Rolle gespielt haben, doch darauf folgte die Depression, und sein Hang zum Einzelgängertum wurde immer auffälliger. Um mit seinem Inneren zurechtzukommen versenkte Magnús sich in die Welt der Poesie. Dort auf den Inseln unternahm er, wie überall, wo er sich für eine Weile niederließ, tägliche Streifzüge durch die Natur, beobachtete die Vögel und sammelte Steine und Pflanzen. Seine Steinesammlung umfasste zu ihren besten Zeiten wohl an die zweitausend Steine.

Aus den Inseljahren des Dichters ist eine Episode überliefert, die zeigt, wie wenig Aufhebens Magnús um seine eigene Person gemacht haben wollte. Eines Tages kam er spät abends nach Hause und stand dort, wo er ein Zimmer gemietet hatte, vor verschlossener Tür. Doch anstatt sich bemerkbar zu machen und um Einlass zu bitten, streifte er die ganze Nacht durch die umliegenden Straßen. Gegen Morgen, als die Bewohner des Hauses aufgestanden waren, erschien er in der Küche, durchgefroren und übernächtigt nach der Nacht unter freiem Himmel, und sagte freundlich, doch mit einiger Bestimmtheit: »Jetzt könnte ein heißer Schluck Kaffee nichts schaden!« Und dann begab er sich ins Kontor des Amtmanns, um seiner täglichen Arbeit nachzugehen.

Als Magnús acht Jahre alt war, tauchte ein Reisender dort an der Langanes-Küste auf und bat, über Nacht bleiben zu dürfen. In den Erinnerungsskizzen, die Magnús am Ende seines Lebens niederschrieb und die später in Kristinn Ólafssons Buch *Örn Arnarson* erschienen, liest sich diese Begebenheit so: »Damals waren Dichter etwas Seltenes und Unerreichbares. Gröndal, Grímur Thomsen und Steingrímur Thorsteinsson in Reykjavík, Páll Ólafsson in den Ostfjorden und Matthías Jochumsson oben in Akureyri. In jenen Tagen war es weniger wahrscheinlich, dass es uns Hinterwäldler jemals an diese Orte verschlagen würde, als dass die gerade aus dem Nest geschlüpfte Jugend heutzutage nach New York oder Rom jettet.

Ja, Dichter waren unerreichbar, doch in meinen Träumen waren sie großartige Menschen. Und dann geschah das Wunder: Ein Dichter kam nach Þorvaldsstaðir um dort zu übernachten. Und das war Símon Dalaskáld höchstpersönlich.

Es war im tiefsten Winter, und er war zu Fuß unterwegs, den ganzen Weg aus dem Skagafjörður bis hierher, über unwegsames Gelände und durch widriges Wetter, und mit einem schweren Packen Verse auf dem Rücken. Doch was sein Äußeres zu wünschen übrig ließ, das machte seine Kunst wieder wett, und mehr als das. Er war Dichter, und noch dazu ein Dichter, der sprach. Die ganze Nacht hindurch redete er unablässig und schlug dabei weite Bögen; er hielt sich nie lange bei einem Thema auf, sondern sprang von einem zum nächsten. Und nebenbei hatte er noch genug Zeit, auf jeden einzelnen im Haus zwei oder drei Verse zu schmieden, und so waren bald an die 40 Strophen zusammen, denn die Verse sprudelten aus ihm heraus, als hätte er sie schon fix und fertig mitgebracht.« Und das wird auch tatsächlich so gewesen sein, denn Símon trug, wenn er auf einem Hof einkehrte, immer wieder dieselben Verse vor, setzte nur andere Namen ein, und schon trafen sie auf die Anwesenden zu. Auch Magnús bekam von ihm zwei Strophen verpasst:

*Reine Wange, lichte Haut,*
*warm und weich, das mocht' er,*
*Kleiner Mangi kriegt zur Braut*
*Fríða Símonstochter.*

*Kurz darauf er, ganz verwirrt,*
*herzt das Mädchen schon,*
*und der hübsche Bursche wird*
*Símons Schwiegersohn.*

»Man stelle sich das einmal vor«, schreibt Magnús in diesen Kindheitserinnerungen, »der Schwiegersohn des Dichters zu werden. Das war fast so ungeheuerlich, wie selbst Dichter zu sein.«

*Símon Dalaskáld und Gvendur Dúllari*

Der Besuch von Símon Dalaskáld hatte Magnús die Augen geöffnet und ihn das Wunder sehen lassen. Und in diesem Moment dämmerte ihm wohl, dass man die Welt auch »mit den Füßen« erkunden kann – und durch das Vergrößerungsglas der Dichtung. Später sollte auch Magnús fast das gesamte Land durchqueren, mit Ausnahme der Skaftafellssyslur, oft mit Papierschnipseln voll mit Versen in den Taschen, doch im Gegensatz zu Símon, Sölvi Helgason oder anderen Wanderdichtern gab er seine Gedichte nie auf den Gehöften zum Besten und ließ auch nie etwas verlauten, was darauf hingedeutet hätte, dass er Dichter war. Wo immer er sich aufhielt, prägte er sich Orte und Begebenheiten genau ein, und manches davon tauchte erst Jahrzehnte später irgendwo in seinen Versen wieder auf.

»An Bord der *Vesta* trafen wir Kameraden auf einen jungen Mann, der auf dem Weg nach Siglufjörður war. Er hieß Magnús Stefánsson und wurde später unter dem Namen Örn Arnarson ein überall im Land beliebter Dichter. Von da an steckten Sveinn, Magnús und ich dort auf dem Schiff fast immer zusammen, wir tranken Whisky aus hübschen kleinen Fläschchen, für die wir, wie ich annehme, 50 Öre oder eine Krone das Stück zahlten. Und erörterten mit Inbrunst die Unverständlichkeit des Menschenlebens und die Qualen des Genies. Und danach mussten wir uns erst einmal ausschlafen.« Mit diesen Worten schließt Þórbergur Þórðarson das Kapitel »Nach Siglufjörður« in seinem autobiographischen Roman *Íslenskur aðall*. Und erwähnt Magnús in diesem Buch danach nie wieder. Dennoch wird Magnús zur Gruppe jener »Adligen« gehört haben, mit denen er in Siglufjörður dann besser bekannt wurde. Doch wenn es um seine Dichtkunst ging, war Magnús so zurückhaltend und bescheiden, dass Þórbergur sich später nicht einmal mehr an ihn erinnern konnte. So hat er diese Zeilen erst, nachdem man ihn darauf hingewiesen hatte, dass der Dichter damals mit von der Partie gewesen war, nachträglich in seinen Bericht eingefügt.

Dies ereignete sich im Sommer 1912, und drei Jahre später zog auch seine Schwester Stefanía mit Sack und Pack und ihrer ganzen Kinderschar nach Siglufjörður. Und wer weiß, ob Magnús' Erzählungen von der Heringsstadt dafür nicht den Ausschlag gegeben haben.

## DER SEESACK

An der Nordküste hatte er auf einem Heringskutter gearbeitet, nun sind sein Kumpel und er gerade von Bord gegangen. Auf dem Rücken trägt er einen Seesack, der den größten Teil seiner Habseligkeiten enthält. Es ist Herbst, ein milder Tag, und ziemlich viel Verkehr auf den Straßen der Innenstadt. Die Freunde machen im Lebensmittelladen in der Hafnarstræti Halt, und Magnús stellt den Seesack so lange auf dem Gehweg vor dem Ladeneingang ab. Als sie wieder herauskommen, ist der Sack verschwunden; irgendein Schlawiner hat ihn gestohlen. Da soll Magnús gesagt haben: »Auch gut, so muss ich ihn wenigstens nicht mehr mit mir rumschleppen.«

## DAS ZIMMER

Magnús liegt auf einer Pritsche auf dem Fußboden, ist in ein Buch vertieft und lutscht an einem Klümpchen Kandis. Es ist Frühjahr, und soeben hat man ihm das Zimmer gekündigt. Er muss noch am selben Tag ausziehen. Sein Bekannter klopft an die Tür und fragt, ob es nicht an der Zeit sei, allmählich aus den Federn zu kriechen, er wolle ihm auch beim Umzug helfen. Doch ja, Magnús steht auf, bietet seinem Freund ein Stück Kandis an, und dann stapeln sie Magnús' Bücher und seine bescheidene Habe auf einen Handwagen und ziehen mit Sack und Pack die Straße hinunter, bis sie am Westrand von Hafnarfjörður vor einem Haus stehen, in dem Magnús versuchen will, ein kleines Kellerzimmer zu mieten. Schon bald wird man handelseinig, und die Freunde räumen den Krimskrams vom Wagen und bringen ihn nach unten. Sobald alles an Ort und Stelle ist, lässt Magnús sich auf seiner Pritsche nieder, schlägt sein Buch an derselben Stelle auf, an der er vorher aufgehört hat – und steckt sich das nächste Stück Kandis in den Mund.

# BEIM HERRENFRISEUR

Frühmorgens sitzen sie beim Kartenspiel, Magnús und Andrés, der Herrenfriseur von Hafnarfjörður. Er hat seinen Salon im Keller unter dem *Hótel Hafnarfjörður,* also hat Magnús, der dort oben unterm Dach wohnt, es nicht weit. Meistens spielen sie Poker, manchmal um Geld. Sie hocken in einem Kämmerchen auf der Rückseite des Friseursalons hinter einem schwarzen Vorhang, Andrés hat Kaffee aufgesetzt, und der Tabakrauch sickert durch den Spalt nach vorne in den Friseurladen. Die Konzentration steht ihnen in die Gesichter geschrieben: So ein Kartenspiel ist eine todernste Angelegenheit. Und sollte es vorkommen, dass ein Kind sich zu ihnen hinter den Vorhang verirrt und nach einem Ein-Kronen-Haarschnitt fragt, während die Freunde in ihre Pokerpartie vertieft sind, dann pflegt Andrés in ziemlich barschem Ton zu knurren: »Siehst du nicht, dass ich keine Zeit habe, Kleiner. Mach dass du nach Hause kommst und lass dir von deiner Mama die Haare schneiden.«

*Hótel Hafnarfjörður*

## FUSSBALLVERLETZUNG

Beginn eines Briefes von Magnús an einen nicht näher bezeichneten Freund:

*Hafnarfjörður, den 26. Dez. 1938*

Verehrter Freund.

Im Herbst 1920 geschah es, dass man mir beim Fußballspiel recht übel mitspielte und ich eine Gehirnerschütterung oder etwas Ähnliches davontrug. Man führte mich vom Platz, und weil ich offensichtlich nicht klar bei Sinnen war, ließ man ein Auto rufen und mich nach Hause bringen. Auf dieser Heimfahrt rief ich mir ein paar Dinge ins Gedächtnis zurück, die mir durch diesen Vorfall entfallen waren, etwa, wie ich hieß, oder wo auf diesem Planeten ich wohnte; und dann erklang tief in meinem Inneren eine Melodie, oder ein Bruchstück einer Melodie, die ich kurz zuvor gehört hatte – es wird wohl ein Tanzlied gewesen sein –, und in dieser Melodie hörte ich die Glocken läuten. Mein Gedächtnis war schon nach kurzer Zeit wieder vollkommen intakt, doch das Glockengeläut hörte ich weiterhin, bis in die Weihnachtszeit hinein. Dann wurde daraus das Gedicht »Weihnachtsglocken«.

*Magnús Stefánsson, Lebenserinnerungen*

»Schon früh war ich mir darüber im Klaren, dass einem die Dichtergabe in vielerlei Hinsicht von Nutzen sein konnte. Keiner ihrer Vorzüge aber erschien mir so wertvoll wie der ihrer magischen Macht. Gewiss war es schön und gut, zu Lebzeiten berühmt und für alle Ewigkeit unsterblich zu werden – für Gedichte, die von allen verehrt, für Lieder, die lauthals vom ganzen Volk geschmettert, und für Scherz- oder Spottverse, die landauf, landab begeistert zitiert wurden. Doch was war das alles wenn einem die Naturgewalten gehorchten und man das Leben seiner Freunde wie seiner Feinde in der Hand hatte? – Darauf kam es an. Ein Zauberdichter zu sein. Sich sowohl Gott wie die Mächte der Finsternis untertan zu machen.

Ich hatte vielerlei Geschichten gehört, über Dichter, die Wind und Wetter kommandierten, wie es ihnen gerade passte, die ihre Feinde aus dem Leben befördern oder sie für immer ihres Glückes berauben konnten – mit einem einzigen Vierzeiler. Und alle diese Geschichten hatten sich mir tief ins Gedächtnis eingebrannt. Hatte nicht sogar Hallgrímur Pétursson einmal eine Füchsin mit einem Gedicht niedergestreckt, und daraufhin ein junges Ding aus dem Borgarfjörður in lebenslanges Unglück gestürzt, nur weil sie ihm »einen grimmigen Blick« nachgesagt hatte?

Deutlich stand mir die Geschichte von den Bauern vom Mývatn vor Augen. Der eine von ihnen sprach:

*Oh, Gott in sturmkalten Höhen*
*bring Wind aus nördlichen Lagen,*
*mit Regen und eisigen Böen,*
*die Mückenplag' zu verjagen.*

Worauf der andere entgegnete:

*Mein Heu ist in größter Gefahr*
*Oh, Vater im Himmel, wie wahr,*
*mach, dass die Stürme sich legen,*
*und bewahre uns vor dem Regen!*

Und alles geschah ganz genau so. Diese Zeilen muss ich mir mehr als alles andere zum Vorbild genommen haben. Und in all diesen Beschwörungsversen, an die ich mich heute nur noch undeutlich erinnere, wandte ich mich immer an den Vater im Himmel. Dem Teufel dagegen fühlte ich mich anscheinend nicht gewachsen, er war ein gemeingefährlicher Genosse und alles andere als ein Kinderspielzeug.

Ich weiß nicht mehr genau, wie alt ich war, als ich mein erstes Messer bekam, auf jeden Fall aber noch weit unter zehn, vielleicht sechs oder sieben Jahre alt. Dieses Messer war eine umwerfende Schönheit, funkelnagelneu, und kam direkt aus der Stadt. In Wahrheit war es ein wertloses, stumpfes Ding, heute ist mir das vollkommen klar, damals aber war es für mich ein unschätzbares Kleinod. Ich bin sicher, ich bin später nie wieder so glücklich gewesen, so zufrieden mit mir selbst und dem Dasein, wie in diesen wenigen Tagen, in denen ich das besagte Wundergerät in der Hosentasche mit mir herumtrug. Doch man sagte mir voraus, dass es, wie so vieles andere, von mir gehen und in bodenlosen Abgründen verschwinden würde. Ich hielt das für eine böswillige Prophezeiung, doch dann trat alles genau so ein. Das Messer verschwand und kam nie wieder zum Vorschein.«

## ZAHNSCHÄDEN

Magnús hatte von klein auf schlechte Zähne. In späteren Jahren fielen sie ihm dann einer nach dem anderen aus. Welchen Einfluss das auf ihn und seinen Umgang mit anderen Menschen gehabt hat, nicht zuletzt mit Frauen, ist schwer zu sagen. Man hört ja immer wieder von Leuten, die aufgrund ihrer kaputten Zähne einfach aufhören zu lächeln, sich sogar völlig zurückziehen. Magnús litt oft an Zahnschmerzen, und das Kauen fiel ihm dann schwer. Das besserte sich erst um 1920, als sein Freund Hallur Hallsson von seinem Zahnarztstudium in Schweden zurückkehrte und »mich wieder zurechtgezimmert hat«, wie Magnús es in einem Brief nannte. Hallur hatte sich in Schweden zum Zahntechniker ausbilden lassen und seinem Freund, nachdem er ihm alle noch verbleibenden Zähne entfernt hatte, ein völlig neues Gebiss verpasst. In den letzten beiden Strophen seines Gedichtes *Ekkjan* (»Die Witwe«) beschreibt Magnús eine Frau, die mit ihrem künstlichen Gebiss zu betören weiß.

Befürchtete er etwa, selber mit seinen makellosen falschen Zähnen die Welt an der Nase herumzuführen? Davon abgesehen aber schien er mit seinem Gebiss äußerst zufrieden, konnte er doch, nach vielen Jahren des kraftlosen Mümmelns, endlich wieder anständig kauen.

## DIE SCHREIBMASCHINE

Maschinengeschriebener Brief von Magnús Stefánsson an »K.Ó.«, Vestmannaeyjar:

*Hafnarfjörður, 13. März 1940*

Lieber Freund.

Ich weiß wirklich nicht, was ich noch unternehmen soll, um dich zu einem zufriedenen Handelspartner zu machen, wenn dir unser kleiner Tauschhandel solche Gewissensbisse bereitet. Wann seid ihr Krämer und Geschäftemacher denn überhaupt zufrieden, wenn nicht, nachdem ihr einen guten Fang gemacht und euren Nächsten dabei anständig übers Ohr gehauen habt? Freu dich doch einfach über eine nette Neuerwerbung und vergiss nie, wo sie dir zuteil wurde. Mir dagegen bleibt nur, meinen Verdruss still zu ertragen und auf Rache zu sinnen, denn ich habe die Katze im Sack gekauft und eine Wunderlampe gegen eine alte Funzel eingetauscht.

Zwei geschlagene Wochen, wenn nicht drei, hatte ich alle Hände voll zu tun, die Typenhebel an diesem elenden Schrottgerät zu entwirren. Dabei behalf ich mir mit dem Werkzeug, das ich gerade zur Hand hatte, einem schartigen Taschenmesser und einem ausgedienten Dosenöffner. Das Ergebnis kannst du auf diesem Briefbogen ablesen, falls du Augen im Kopf, selbigen am rechten Ort hast und deine Nase geradeaus hältst.

Doch nach alledem bin ich in Schreibmaschinenkunde so beschlagen, dass ich jede einzelne Schraube genau im Kopf habe – und alle sitzen sie fest! Nicht, dass mir hinterher Klatschgeschichten über lockere Schräubchen zu Ohren kommen. Die überlasse ich dir. Doch wenn ich ehrlich sein soll, bin ich mit meinem vorzeitlichen Museumsstück längst nicht so unzufrieden, wie man erwarten könnte. Wer weiß, vielleicht werde ich es sogar für den Rest meines Lebens mein Eigen nennen.

Vielleicht werde ich es für den Rest
meines Lebens mein Eigen nennen,
und dann verkauf ich's
und dann verkauf ich's.

In Gottes Frieden,
Magnús Stefánsson

# ZWISCHENSTOPP IM SÜDLAND

An der Schule von Hrollaugsstaðir an der Südküste stieg ich aus dem Bus. Am Friedhof bei der Kálfafellskirche wehte die Flagge auf Halbmast, und aus dem Schulgebäude strömten Leute ins Freie, gewiss die letzten Gäste einer Beerdigung. Im Sommer dient die Schule als Pension für Touristen, und man erzählte mir, im letzten Winter hätten gerade einmal vier Schüler dort auf der Schulbank gesessen. Ich bekam ein Dreibettzimmer im ehemaligen Internatsgebäude. Nachdem ich mir den Dreitagebart abrasiert hatte, ging ich nach draußen und setzte mich auf dem Rasenstück hinter dem Haus auf einen Hocker. Ich nahm einen kalten Hähnchenschenkel aus meiner Proviantdose, goss den letzten Rest aus der Rotweinflasche in ein Glas, schloss ein paar Lücken in meinem Reisetagebuch und überlegte, einen Abendspaziergang hinunter nach Hali zu machen. Das Brüllen der Kühe, das Dröhnen der Werbespots aus den Fernsehern und das Zwitschern der Vögel verband sich zu einer vollkommenen kleinen Abendsinfonie. An einem solchen Abend kann man die Verehrung des Dichters Þórbergur Þórðarson für das Südland gut nachempfinden.

Das junge Mädchen vom Empfang und ihr Freund nehmen die Laken und Bettbezüge von der Leine, während die letzten Sonnenstrahlen um sie herumtanzen. Gehe hinauf zu dem verlassenen Gehöft oberhalb der Kálfafellskirche. Dort stehen ganze Schafsställe, voll mit altem Zeugs, Krimskrams aus längst vergangenen Zeiten, den irgendjemand hatte aufbewahren wollen. Von einem Zaunpfahl hinter den Ställen weht ein zerlöcherter Damenschlüpfer in Übergröße. Das Gras feucht und ich ohne Strümpfe, nur in Sandalen. Morgen früh nehme ich den Bus nach Reykjavík.

*In Sauðárkrókur: Geirlaugur Magnússon bei einem Mitternachtsspaziergang mit Kerze*

## AUF DER PFLEGESTATION

Kurz nachdem ich wieder in der Stadt zurück war, bekam ich einen Anruf von Geirlaugur Magnússon. Er war gerade auf die Pflegestation unten in Kópavogur aufgenommen worden, der Krebs hatte sich nicht zum Stillstand bringen lassen. Er bat mich, ihm Tabak und etwas zu Lesen zu bringen. Als ich ihn besuchte, sah ich sofort, wie schlecht es ihm ging. Wir plauderten über das bevorstehende Erscheinen seines jüngsten Gedichtbandes, und ich erzählte ihm in allen Einzelheiten von meiner Reise an die Ostküste. Es war ein sonniger, warmer Tag, wir setzten uns auf eine Bank vor dem Gebäude, schauten auf die Bucht hinaus und rauchten schweigend. Dann war es Zeit für seine Medikamente, und auf dem Weg zurück ins Krankenzimmer hielt er sich an mir fest. Geirlaugur war sehr erfreut über die Bücher, die ich mitgebracht hatte, und beim nächsten Mal sollte ich ihm unbedingt die neue Walt-Whitman-Biografie ausleihen, die ich gerade las. Doch dann kam ich einfach nicht dazu, ihm das Buch vorbeizubringen, und zwei Wochen später, an einem windigen Septembertag, stand ich in der Fossvogskapelle an seinem Sarg.

Die Schatulle hat ein Schloss, das jemand aufgebrochen hat. Es ist eine Blechdose, in olivgrüner Tarnfarbe lackiert, wahrscheinlich hat Papa sie zu Kriegszeiten angeschafft. In dieser Schatulle bewahrte er verschiedene Unterlagen auf: Den Kaufvertrag der Wohnung, Geburtstagstelegramme, ein paar Briefe von seiner Schwester Ester, ein Foto von Stefanía und ihren Söhnen, vergilbte Postkarten.

Als kleiner Junge, damals in der Bergstaðastræti, habe ich einmal Papas Schlüsselbund stibitzt und zum Spielen mit hinausgenommen. Es war Winter, der Schlüsselbund verschwand irgendwo im Schnee und tauchte nie wieder auf. Ich bekam den Hintern versohlt. Einer der Schlüssel an diesem Bund hatte zu der grünen Schatulle gehört. Nun steht sie hier vor mir auf dem Tisch, mit abgeblättertem Lack und verbeultem Deckel. Zuoberst liegt ein Telegramm von Stebbi, ein Geburtstagsgruß an Papa: »Herzlichen Glückwunsch, mein Lieber! Prost! Stebbi«. Unter dem Telegramm kommt eine alte Weihnachtskartenliste zum Vorschein, die in »Karten von weiter weg (8)« und »Karten aus der Stadt (12)« eingeteilt ist. Auf der Liste findet sich auch der Name von Jón Gunnar Árnason, Papas Neffen. Jón Gunnars Familie bewohnte eine Kellerwohnung in der Flókagata, ganz nah beim Klambratún-Park und seinen Abenteuern. Einmal, als ich mit Mama und Papa dort in der Flókagata zu Besuch war, schenkte Jón Gunnar mir ein mit Wasserfarben gemaltes Bild, vielleicht hatte ich Geburtstag, ich erinnere mich nicht mehr genau. Das Bild war in kräftigen Farben gehalten, vorwiegend Rot- und Gelbtöne, Ruderboote, an einem Anlegesteg vertäut, Heringstonnen an der Packhausmauer, das Meer flammend in der Abendsonne. Ich hatte keine Ahnung, was ihm als Vorlage zu seinem Gemälde gedient hatte, aber fortan hing das Bild über meinem Bett, und wenn Abends alle Lichter aus waren, stieg ich an Bord, machte die Leinen los und segelte dem Sonnenuntergang entgegen, das Boot randvoll mit Schmuggelware: längliche Holzkisten mit Gewehren und Dolchen in Lederfutteralen. Die Jungs aus der Óðinsgata sollten sich bloß in Acht nehmen.

## WINGS OHNE FILTER

Mama schickte mich oft hinüber in Gunnars Laden am Grundarstígur, manchmal dreimal am Tag, um Zigaretten zu kaufen. Meist wollte sie nicht mehr als zwei oder drei auf einmal, Wings ohne Filter. Damals war es selbstverständlich, dass ein achtjähriger Knirps, der für seine Mutter Zigaretten holen sollte, auch bedient wurde. Ein solcher Botengang konnte sich zu einer größeren Unternehmung ausweiten, zumal, wenn man gerade eine atemberaubende Indianergeschichte gelesen hatte. Dann stiegen aus den Hintergärten imaginäre Rauchzeichen in die Luft, und über die Dächer des Viertels huschten die Schatten von Aasgeiern mit ausgebreiteten Schwingen. Und Mama wartete vergeblich auf ihre empfindliche Ware.

## DAS DREIRAD

Das Rad war nagelneu, funkelte rot und hatte eine isländische Flagge auf dem Klingelgehäuse. Maggi und ich sausten abwechselnd den Abhang hinunter. Stiegen bei den Unterführungen auf, schossen am Kellerfenster der Lakritzfabrik vorbei und kamen erst bei den Mülltonnen unten im Hof wieder zum Stehen. Unser Kreischen hallte die Tunnelwände entlang, wenn wir die Füße von den Pedalen nahmen und den Berg hinunterrasten. Wir hatten schon ein paar Talfahrten hinter uns, als ich plötzlich die Kontrolle über das Rad verlor und mich nur mit knapper Not aus dem Sattel werfen konnte, bevor es in die Fensterscheibe krachte und unter lautem Splittern im Keller der Lakritzfabrik verschwand. Während ich mir die aufgeschrammten Knie rieb, erschien der Besitzer im Fensterrahmen, dunkelrot im Gesicht, und befahl mir, mich nach Hause zu scheren und meinen Papa herzuschicken.

Gemeinsam nagelten die beiden dann ein paar Bretter vor das Fenster, und Papa nahm Maß für eine neue Scheibe. Nach getaner Arbeit lehnten sie sich an die Hauswand und tranken Kaffee aus einer karierten Thermosflasche. Das Rad wollte Papa mir anschließend mitbringen.

Als ich an diesem Abend nach Hause kam, lehnte es an der Tür zur Waschküche. Es war kohlrabenschwarz und verströmte einen unwiderstehlichen Lakritzgeruch. Große, zähe Klumpen klebten an der Klingel und in den Spiralfedern unter dem Sattel. Das Rad war in einem Kessel mit siedender Lakritzmasse gelandet, der direkt unter dem Kellerfenster stand.

Die Neuigkeit machte sofort die Runde, und kurz da-

Kinder auf dem Skólavörðuholt

rauf fanden sich die Kinder aus dem Viertel ein. Sie bildeten in unserem Hof eine Schlange, während Maggi und ich neben dem Rad knieten und sorgfältig die Lakritze abschälten. Wir kassierten zehn Öre pro Portion und waren uns alle einig – bessere Lakritze hatten wir nie im Leben gegessen.

Wir bekamen Egils'-Orangenlimonade. Das war seine Methode, uns, die Kinder aus der Straße, in die Welt der Literatur hineinzulocken. Er war Geschäftsmann und betrieb ein Textilwarengeschäft auf dem Skólavörðustígur.

Wir saßen im Halbkreis auf dem weinroten Wohnzimmerteppich, unsere Limonadeflaschen zwischen den Füßen, und schauten zu ihm auf, wo er in einem ehrwürdigen Polstersessel unter einem Wandgemälde mit schwarzen Lavafelsen thronte. Er sprach mit tiefer, kräftiger Stimme, wie manche Schauspieler im Radio, und in diesem Sommer las er ausgewählte Kapitel aus der *Njáls Saga*.

Der Kaufmann hatte vier junge Töchter, deren Aufgabe es war, uns zusammenzutrommeln, wenn die Lesung beginnen sollte. Einmal haben sie sogar eine handfeste Straßenprügelei mit dem Ruf: »Die *Njáls Saga* fängt an!« im Nu beenden können.

Gegen Ende der Lesestunde waren wir alle bis zum Zerreißen gespannt, drehten unsere leeren Flaschen in den Händen und hörten mit aufgerissenen Augen zu. Wenn er das Buch zugeschlagen hatte, erschien seine Frau im Türrahmen, lächelte und lud uns ein, zu ihr in die Küche zu kommen. Sie hatte langes, blondes Haar, im Nacken zu einem Zopf geflochten, und es schien ein eigentümliches Strahlen von ihr auszugehen.

Auf dem Küchentisch erwarteten uns eine prächtige Schokoladentorte mit Schlagsahne und eingemachte Birnen. Noch heute bekomme ich diesen Geschmack auf die Zunge, wenn irgendwo jemand die *Njáls Saga* erwähnt.

## PLUMPSKLO

Auf der anderen Seite der Steinmauer, die die Hinterhausgrundstücke an der Rückseite begrenzte, stand ein Kloháuschen, wahrscheinlich eins der allerletzten, die in den Fünfzigerjahren in Reykjavík noch in Gebrauch waren. Es gab eine alte Frau, jahrhundertealt, so schien es uns Kindern damals, die das Plumpsklo benutzte. Sie rauchte Pfeife, und die Rauchfahnen kringelten sich durch das kreisrunde Loch in der Klotür nach draußen. Morgens konnte man beobachten, wie sie die Schüssel über dem Rhabarberbeet an der Gartenmauer ausleerte, und es gehörte einiges dazu, die feuerroten Rhabarberstengel zu mopsen und vor den Mädchen daran zu knabbern, als ob nichts wäre.

## STREIFZUG

Ich war wohl gerade drei Jahre alt, als ich zum ersten Mal verloren ging. Plötzlich stand ich ganz alleine auf dem Skólavörðuholt und hatte nicht die geringste Ahnung, wie ich wieder zurückfinden sollte. Ich stehe an der Statue von Leif dem Glücklichen, und genau wie er schaue ich hinaus aufs Meer und auf die Schiffe, die dort vorübersegeln. Nicht, dass er mich beunruhigt hätte, der Gedanke, wie ich wohl wieder nach Hause käme, aber ein wenig verloren muss ich doch ausgesehen haben, so klein neben der großen Statue, denn plötzlich kam ein Polizist zu mir herüber (zu jener Zeit war die Polizei noch zu Fuß unterwegs), und als ich ihm erzählte, ich wolle mich bloß ein bisschen in den Straßen umgucken, wusste der sofort, was die Stunde geschlagen hatte. Als ich ihm auch noch sagen konnte, wie meine Straße hieß, brachte er mich zurück in die Bergstaðastræti.

Er klingelte, und gleich erschien Mama an der Haustür und staunte nicht schlecht, einen Polizisten auf den Treppenstufen vorzufinden, der an den Schirm seiner Dienstmütze tippte und sagte: »Ich hab den kleinen Stromer oben auf dem Skólavörðuholt aufgegabelt. Er wollte gerade in die weite Welt hinaus.« Mama nämlich hatte mich die ganze Zeit über im Hof beim Spielen geglaubt. Und seit diesem Tag befinde ich mich eigentlich immer auf Streifzug.

## BLESUGRÓF VIEL SPÄTER

Auf dem Hof hinter der Steinmetz-Werkstatt S. Helgason erheben sich zwei Raben krächzend von den Marmorsäulen und flattern in die Abenddämmerung. Mit einem Sandwich und einer Dose Leichtbier mache ich mich auf den Weg nach Blesugróf. Gehe dort sämtliche Straßen und Gässchen ab. Manche der Häuser, wohl gegen Ende des letzten Weltkriegs erbaut, scheinen sich jeglicher Ordnung zu widersetzen und wissen offenbar nicht mal genau, zu welcher Straße sie gehören. Hierher hat Papa oft Heizöl geliefert; in den Jahren nach dem Krieg lebten die Leute hier in großer Armut und Mühsal. Traf im Stjörnugróf auf einen alten Mann, der mit einem Wollschal vor Nase und Mund in der Sommerwärme spazieren ging. Offen stehende Garagentüren, jemand repariert an einem alten Auto herum, eine Werkstattlampe an einem Haken neben sich an der Wand. Ein abgedankter Spielplatz wie ein Stück verloren gegangene Kindheit auf dem freien Platz zwischen den Häusern. Halb heruntergelassene Rollos, eine Hand, die verstaubte Blumen gießt.

Papa war Chauffeur bei Esso. Mitte der Fünfzigerjahre machte er regelmäßig an der *Nesti*-Tankstelle im Fossvogur Halt, um dort seinen Tankwagen zu füllen. Später war dort auch der Dichter Steinn Steinarr bisweilen vorbeigekommen, meist, um Tabak zu kaufen und nach einer Mitfahrgelegenheit in die Stadt Ausschau zu halten. Dann war er auf dem Weg in die *Hressingarskáli*, um seine Bekannten und Dichterkollegen zu treffen, die dort bei Kaffee und brisanten Gesprächen zusammenhockten. Nicht selten durfte Steinn bei Papa in den Tankwagen einsteigen, und auf dem Weg in die Stadt diskutierten sie das eine oder andere, und, beide leidenschaftliche Raucher, qualmten dabei um die Wette, Papa seine Zigarren und Steinn Zigaretten, während der Zehntausend-Liter-Tank hinter ihnen den Himmel verdüsterte. Ich wüsste gern, ob Papa ihn jemals gefragt hat, ob ihm vielleicht der Dichtername Örn Arnarson vorgeschwebt hatte, als er sich selbst Steinn Steinarr nannte. Schließlich klingen beide Namen auf ähnliche Weise harsch und scharfkantig – genau wie die Gedichte der beiden Männer.

»Etwas Rhabarber gefällig?«, fragte Steinn manchmal und hielt Papa ein paar Rhabarberstengel hin, in eine verknitterte Seite des *Alþýðublað* eingeschlagen. Steinn und seine Frau Ásthildur hatten hinter ihrem Haus ein kleines Rhabarberbeet, ungefähr dort, wo heute das Stadtkrankenhaus steht.

Das Kompott, das Mama aus diesem Rhabarber kochte, lief bei uns unter dem Namen »Steinn Steinarr«. Es schmeckte ziemlich bitter, genau wie die Verse des Dichters, und deshalb streuten wir auch immer reichlich Zucker darüber. Und wenn

*Esso-Tankwagen in Örfirisey*

Mama noch einen Klecks Schlagrahm spendierte, dann wurde daraus eine herrliche Sonntagsspeise.

In der Handschriftenabteilung der isländischen Nationalbibliothek befindet sich ein loses Blatt mit dem Anfang einer Rezension von Örn Arnarsons *Illgresi*. Die Handschrift beweist eindeutig, dass es Steinn Steinarr war, der diese Zeilen zu Papier brachte. Schwieriger ist dagegen zu sagen, warum er seine Besprechung damals nicht zu Ende schrieb. Oder ist es bloß eine Neuerscheinungsnotiz, die Steinn eilig für eine der Tageszeitungen zusammenkritzelte? Der Text lautet wie folgt (eine Jahreszahl fehlt, doch er hat mit seinem Namen unterzeichnet):

»Magnús Stefánsson machte noch zu Lebzeiten die Erfahrung, als einer der vorzüglichsten Dichter Islands zu gelten. Manch einen mag das verwundert haben – am meisten vielleicht ihn selbst, denn er war wohl ein im höchsten Maße zurückhaltender und bescheidener Mensch. Und so ist die allseitige Begeisterung für die Werke dieses stillen Dichters nichts anderes als erfreulich. Denn lange genug hat seine Dichtung nur im Verborgenen geblüht, und nur Wenige haben sie überhaupt gekannt. Nun aber hat man diesen bedauerlichen Mangel endlich behoben und seine Werke sorgfältig in einer Gesamtausgabe herausgebracht, die den Titel jenes einzigen Buches trägt, das der Dichter bereits vor vielen Jahren veröffentlichte und *Illgresi* nannte.«

# KANDIS

Während ihrer letzten Lebensjahre wohnte Oma Stefanía mit ihrem Sohn Stebbi im Keller bei uns in der Bergstaðastræti. Ich war zwei Jahre alt, als sie starb, und obwohl ich mich an sie zu erinnern glaube, habe ich meine Zweifel; es sind wohl mehr die Geschichten, die ich später über sie hörte, die ich im Nachhinein zu lebendigen Erinnerungen ausgebaut habe.

Zu Hause trug Stefanía meistens eine große, bunte Schürze, und kaum dass ich auf meinen Beinchen stehen konnte, wurde die Schürzentasche zu meiner größten Versuchung. Dort drinnen hatte sie einen Vorrat an Rosinen und Dörrpflaumen und manchmal auch etwas Hartem, das sich dann als Kandiszucker herausstellte. Zwischen uns herrschte die stillschweigende Abmachung – schon allein deshalb, weil ich noch gar nicht sprechen konnte –, dass ich in ihre Schürzentasche greifen durfte, sobald ich meinen Teller leergegessen hatte, um mich an den kostbaren Leckereien zu bedienen. Wenn meine Finger etwas Hartes zu fassen kriegten, war meine Seligkeit vollkommen. Dunkelbraune, raue Kandisklümpchen, an denen man lange zu lutschen hatte. Manchmal nahm sich mich auf ihren Schoß und kramte das englische Bilderbuch hervor, bei dem die Seiten schon halb herausfielen. Dann zeigte sie mir atemberaubende Farbzeichnungen, die bei mir sonderbare Phantasien freisetzten. So enthielt das Buch beispielsweise Bilder von Diamantenminen in Afrika, und ich lebte noch lange in der festen Überzeugung, es müsse sich dabei um Kandisminen handeln, wegen all der kleinen Negerjungen, die sich dort mit ihren Wägelchen voller Kandiszucker abmühten.

## BÚÐARDALUR

Zwei Knirpse spielen auf dem Schulhof mit einem Basketball. Ein strahlender Junitag, am Himmel keine einzige Wolke. Ich stehe auf dem Vorplatz des alten Lebensmittelladens, der längst kein Laden mehr ist, sondern eine Wurstbude und ein Kiosk. Der Bus ist gerade abgefahren, auf dem Pflaster vor der Tankstelle stapeln sich Pappkartons und Verpackungsmüll. Während ich über die Landstraße haste und auf die Schule auf der anderen Straßenseite zulaufe, entdecke ich auf einem der Hausdächer einen Mann, er hält sich an der Fernsehantenne fest und winkt mit der freien Hand in meine Richtung. Doch der Gruß kann wohl kaum mir gelten, und ich schaue unwillkürlich über die Schulter; auf dem Dach eines roten Kleinbusses steht ein junges Mädchen und winkt fröhlich zurück. Sie ist dabei, Gepäckstücke an einer Halterung festzuschnallen.

Ich passiere das Schulgebäude und bleibe vor dem Fenster einer Videothek stehen, die dort im Keller eines Wohnhauses untergebracht ist. Die Auslage besteht aus *Geschichte einer Nonne* mit Audrey Hepburn und ein paar amerikanischen Actionfilmen.

Hier in Búðardalur verbrachte Stefanía die letzten Wochen ihres Lebens. Sie war bei ihrer Freundin Finna zu Besuch, die mit einer schweren Krankheit kämpfte, und Stefanía hatte angeboten, ihr im Haushalt zur Hand zu gehen. Man hatte mir erzählt, sie habe am Wohnzimmerfenster gesessen und einen Brief gelesen, den sie aus Reykjavík bekommen hatte, als ihr Herz einfach aufhörte zu schlagen. Man fand sie tot in ihrem Lehnsessel, den Brief in ihrem Schoß und den Kopf ein klein wenig nach vorne gesackt, so als sei sie nur eben kurz eingenickt.

Wenn Stefanía sich bei Finna in Búðardalur aufhielt, war sie zugleich Stammgast beim Amtmann Þorsteinn Þorsteinsson. Dieser war ein großer Bücherliebhaber, hatte eine riesige Bibliothek und war immer darauf erpicht, Stefanía in sein Kontor zu einer Tasse Kaffee einzuladen. Dann hockten die beiden dort hinter verriegelter Tür und erhitzten sich über Dichtung und Politik. Stefanía war Kommunistin, Þorsteinn dagegen ein eingefleischter Rechter, doch das schien ihrer Freundschaft nicht den geringsten Abbruch zu tun.

Mein Aufhänger für die Fahrt nach Búðardalur ist ein Besuch bei Finnas Tochter, die noch immer in dem Haus wohnt, in dem Stefanía starb. Ich wollte herausfinden, ob vielleicht irgendetwas aus ihrem Besitz dort im Haus zurückgeblieben war.

Ich hatte mir einen alten Schuhkarton vorgestellt, voll gestopft mit vergilbten Briefen, ganz zuunterst vielleicht ihre Brille.

Das Haus zu finden, ist nicht schwer, ich klopfe an die Tür und werde umgehend in der kleinen Kochnische im oberen Stockwerk zum Kaffee eingeladen. Nach meinem Anruf hatte Finnas Tochter gleich den Dachboden durchsucht, aber nichts gefunden außer einer verblichenen Fotografie von Stefanía und Finna – die sie mir nun über den Küchentisch zuschiebt. Die beiden Mädchen sitzen an eine Steinmauer gelehnt, einen umgestülpten Holzbottich vor sich, darauf drei Tassen und ein Teller mit Schmalzgebäck. Das Foto ist offenbar im Hochsommer aufgenommen, die Mädchen tragen helle Leinenkleider, Finna lächelt, Stefanía dagegen schaut eher skeptisch drein, so als sei ihr dieser Fotoapparat nicht geheuer.

Nachdem wir eine Weile geplaudert haben, stehe ich auf, bedanke mich und trete ins Sonnenlicht hinaus. Die Rispengräser an der Hauswand schwanken leicht im Südwind und scheinen sich an dem Graffiti, das sich über ihren Köpfen an der Wand entlang zieht, wenig zu stören:

DANKE GOTT DAFÜR, DASS DU ~~NICHT~~ TOT BIST

Noch einmal komme ich an der sonderbaren Videothek vorbei, und mir fällt ein, dass ich diesen berühmten Kinofilm mit Audrey Hepburn in der Rolle der Nonne damals gesehen habe. Ich muss zehn oder elf Jahre alt gewesen sein und erinnere mich noch gut an meine Verwirrung, als mir klar wurde, dass ich mich in eine Nonne verknallt hatte.

Wo heute die *Bernhöfts Bäckerei* steht, Bergstaðastræti Ecke Spítalastígur, war ein kleiner, wellblechverkleideter Schuppen, der sich an die Südseite des *Brennuhús* anschloss. Dort hatte Stebbi seine Schuhmacherwerkstatt. Manch einer stattete dem Schuster einen Besuch ab, wenn auch nicht immer mit einem Paar Schuhe unter dem Arm, denn bisweilen fanden in dieser Werkstatt äußerst fröhliche Zusammenkünfte statt, besonders, wenn die dichterisch veranlagten Bekannten ihre roten Brennivínsnasen hereinsteckten.

Eines Morgens im Herbst 1953 wird bei uns zu Hause ungeduldig an die Tür gehämmert. Auf den Treppenstufen steht unser Nachbar und ruft, beim Schuster Stebbi brennt es. Papa ist gerade erst nach Hause gekommen, schnappt sich seine Jacke, lässt das Ölauto stehen, wo es ist und saust die Straße hinauf. Ein Krankenwagen kommt ihm mit heulender Sirene entgegen. Ich bin hinten im Hof und vertreibe mir mit irgendwas die Zeit, doch ich spüre sofort, dass da etwas Außergewöhnliches vor sich geht. Normalerweise rannte Papa nie.

Auf der Straße vor dem Brennuhús sehe ich Kinder und tuschelnde Passanten, die Tür zur Werkstatt steht offen, in der Luft liegt ein schwacher Brandgeruch. Die Polizei befragt Augenzeugen, und die Menschenmenge beginnt sich allmählich zu verlaufen. Papa fragt jemanden, was eigentlich passiert ist und erfährt, dass es sein Bruder Stebbi war, dort in dem Krankenwagen, der ihm gerade entgegengekommen war.

Am Tag darauf war auf der letzten Seite des *Alþýðublað* Folgendes zu lesen: »Gestern Morgen ereignete sich in der Bergstaðastræti 13 ein Unglücksfall, bei dem ein Schuhmachermeister durch einen Brand in seiner Werkstatt ums Leben kam. Seine Kleidung hatte Feuer gefangen, und er hatte die Flammen nicht schnell genug löschen können, da er körperbehindert war.

Der Unfall geschah am gestrigen Vormittag gegen 11 Uhr. Vorübergehende Fußgänger hatten bemerkt, dass aus der Werkstatt des Schuhmachers Stefán Steinþórsson Rauchschwaden quollen. Die Werkstatt befand sich in einem Schuppen, der sich an das Haus Bergstaðastræti Nr. 13 anschließt.

Nachdem man sich Zugang zu der Werkstatt verschafft hatte, fand man Stefán reglos am Boden, und seine Kleider standen lichterloh in Flammen. Als die Feuerwehr kurz darauf eintraf, war Stefán bereits tot.

Die Werkstatt des verstorbenen Schuhmachers kam bei dem Brand dagegen kaum zu Schaden. Allem Anschein nach hatte der Arbeitskittel des Mannes Feuer gefangen; er hatte noch versucht, ins Freie zu kommen, dann wurde er vom Tod eingeholt. Man fand ihn auf dem Fußboden vor seiner Registrierkasse. Der verstorbene Stefán Steinþórsson hatte nur ein Bein und ging an einer Krücke.«

Die Nachricht von diesem Brand war am 2. Oktober 1953 in allen Zeitungen Reykjavíks zu lesen. Stebbi wurde auf dem Friedhof von Fossvogur neben seiner Mutter Stefanía begraben. Auf ihrem Grab steht ein schlichtes weißes Holzkreuz, in eine schwarze Metalltafel sind ihre Namen eingraviert und die Jahre, die sie auf dieser Erde verbrachten. Im Sommer leuchten um das Kreuz herum Butterblumen und Vergissmeinnicht.

Auf dem Foto u.a. meine Eltern, meine Schwestern Helga und Sigrún, Ester, Onkel Stebbi und die Eltern von Jón Gunnar, Árni Steinþórsson und Helga Jónsdóttir

Betritt man die Eingangshalle der Hrafnista, das Seniorenheim für in die Jahre gekommene ehemalige Seeleute im Stadtteil Laugardalur, springt einem sofort ein großes Foto von Magnús ins Auge, das dort die Wand ziert, die silberne Plakette darunter verzeichnet seinen Namen – aus Dankbarkeit für all seine Seemannslieder.

Es ist Nachmittag, und ich bin gekommen, um meine Eltern zu besuchen. Ich helfe Papa in seinen Rollstuhl, es fällt ihm immer schwerer, sich zu bewegen, und seine Hände hat er auch nicht mehr richtig unter Kontrolle. Wir wollen bei Mama hereinschauen, die einen Flur weiter wohnt. Sie ist bettlägerig, kann sich nicht mehr an- und ausziehen, nicht mehr alleine aufstehen. Unter großen Mühen geben sich die Beiden einen Kuss, denn Papa kann sich sonst kaum noch artikulieren, doch schon bald bittet Mama uns zu gehen. Sie ist erschöpft, hat schlimme Rheumaschmerzen, und ihre Tabletten liegen abgezählt auf dem Nachttisch. Auf dem Rückweg treffen Papa und ich Stefán Hörður Grímsson, den Dichter, er wohnt auf demselben Flur wie Mama. Ich begrüße ihn, und wir wechseln ein paar Worte, wie immer, wenn wir uns begegnen. Stefán Hörður ist in Hafnarfjörður groß geworden und kann sich noch gut an Magnús Stefánsson erinnern, wie er dort hinter einem Ladentisch stand und bediente. Stefán Hörður schiebt eine Gehhilfe vor sich her und erklärt, er werde sich jetzt eine Tasse Kaffee und eine Scheibe Flachbrot mit geräuchertem *hangikjöt* holen. »Sie haben gutes *hangikjöt* hier«, sagt er, »aber sonst ist das Essen nicht der Rede wert.« Als wir uns verabschieden, huscht ein schwaches Lächeln über seine Lippen. Es ist unsere letzte Begegnung, bei meinem nächsten Besuch lebt er nicht mehr. Ich begleite Papa in sein Zimmer und bitte einen Pfleger, mir zu helfen, ihn in sein Bett zu heben. Auf dem Nachttisch liegt ein Zettel: »Baden: 16.30 Uhr«.

Ein paar Wochen später starb Mama. Neunzig ist sie geworden. Papa war ein Jahr jünger und musste, nachdem sie ihm vorausgegangen war, sich noch fünf Monate gedulden. Während dieser Zeit fiel er immer mehr in sich zusammen, und irgendwann war aller Lebenswille verschwunden. Mehr als siebzig Jahre lang waren sie zu zweit durchs Leben gegangen.

Stebbi war kinderlos, nun sind alle seine Geschwister tot, sind alle, die ihn kannten, nicht mehr da. Über ihn existieren keinerlei schriftliche Zeugnisse, von den Zeitungsmeldungen über seinen Tod einmal abgesehen. Aber er hatte Telefon. Das Telefonbuch von 1950 verzeichnet seinen Namen und seine Rufnummer: Stefán Steinþórsson, Schuhmacher, Barónsstígur 30, Telefon 6572.

Ein altes Telefonbuch, du schlägst es auf, fährst mit dem Finger die Seite hinunter, bleibst auf einem Namen stehen, und hinter diesem Namen verbirgt sich ein ganzes Menschenleben, Tage und Nächte, die sich abwechseln, Monate, die ihren Namen ändern, Jahre, die sich aneinanderreihen, mit ihren Widrigkeiten und manchmal ihrem unverhofften Glanz.

Barónsstígur 30, erster Stock: Auf der Fensterbank lehnt sich ein Plastikpüppchen an einen kleinen CD-Spieler, es steckt in einem verblichenen Kleidchen, das einmal rot gewesen sein muss und hat die Augen geschlossen, als ob es schläft.

Die Straße, die Hausnummer und die Namen deiner Eltern und Geschwister findest du im Einwohnerregister. Hallveigarstígur 9. Du gehst dort vorbei und gibst der Versuchung nach, den Türknauf herumzudrehen und über die Schwelle zu treten. Ein dämmriger Hausflur, eine Holztreppe führt in die oberen Stockwerke. Es gibt viele Flure und du verirrst dich, doch auf einmal hörst du eine Stimme, die dir bekannt vorkommt. Am Ende des Ganges eine halb geöffnete Tür, ein Lichtstrahl fällt auf den zerschlissenen Läufer. Du trittst langsam näher und steckst den Kopf durch den Türspalt. Da sitzen sie am alten Küchentisch, Stefanía, Stebbi ist zu Besuch, die Krücke lehnt an der Wand, und ein weißes Leinentuch verdeckt den Fleck. Als du sie ansprichst und sagst: »Ich bin's nur«, sind sie verschwunden. Danach wird ein ganzes Jahr vergehen, bis du wieder in dieses Leben zurückfindest. Erst ein Jahr später begegnest du ihrem Blick erneut, in einem anderen Haus in einer anderen Straße, wo du eines schönen Tages stehenbleibst und in Fenster hineinschaust, die dich nicht mehr kennen.

## ANMERKUNGEN

Seite 7: Der Ort **Siglufjörður** an der isländischen Nordküste (heute zirka 1200 Einw.) erlebte in der ersten Hälfte des 20. Jahrhunderts einen geschichtsträchtigen Heringsboom (die so genannten »Heringsjahre«), der den Ort in den 1930er und 1940er Jahren zum Zentrum der isländischen Heringsverarbeitung machte und ihm zu einer wirtschaftlichen Blütezeit verhalf. Danach gingen die Heringsbestände allmählich zurück und versiegten in den späten 1960er Jahren schließlich ganz. Noch heute zeugen ein Heringsmuseum und das jährliche »Heringsfest« von dieser Zeit.

Seite 30: **Benedikt (Sveinbjarnarson) Gröndal** (1826-1907), isländischer Philologe, Naturwissenschaftler, Lehrer, Zeichner und Dichter. Seine Lebenserinnerungen *Dægradvöl* (»Zeitvertreib«; erschienen 1923) liefern u.a. wichtige Quellen zur Geschichte Reykjavíks im 19. Jahrhundert.

Seite 36: Angespielt wird hier auf den Gedichtband *Svartar fjaðrir* (»Schwarze Federn«) des isländischen Dichters und Dramatikers **Davíð Stefánsson frá Fagraskógi** (1895-1964), der im hier erwähnten Jahr (1919) gerade erschienen war.

Seite 45: **Örn Arnarson**, Pseudonym des Dichters und Schriftstellers Magnús Stefánsson (1884-1942), der hauptsächlich durch seinen ersten und einzigen Lyrikband *Illgresi* (»Unkraut«; erschienen 1924) bekannt wurde. Obgleich sein Name in Island heute nicht mehr jedem geläufig ist, sind viele seiner Gedichte, insbesondere seine Seemannslieder, noch immer bei vielen Isländern bekannt und beliebt.

Seite 47: **Kristján frá Djúpalæk** (1916-1994), isländischer Dichter; geb. in Djúpilækur an der Küste von Langanes.

Seite 51: Die isländische **Auswandererwelle** nach Amerika begann um 1870 und zog sich etwa bis zum Beginn des Ersten Weltkriegs. Die Hauptursachen waren Armut, Hunger, Klimaveränderung, ein verheerender Vulkanausbruch im Jahr 1875, politische Unzufriedenheit oder auch pure Abenteuerlust. Das hier erwähnte Auswanderer-Register (*Vesturfaraskrá*) wurde aus den Passagierlisten der Amerikadampfer rekonstruiert und verzeichnet rund vierzehntausend Namen, insgesamt geht man aber von insgesamt fünfzehn- bis zwanzigtausend Auswanderern aus. Der überwiegende Teil der *Vesturfarar* (»West-Fahrer«) ließ sich in der Nähe des Lake Winnipeg im kanadischen Manitoba nieder, dort entstand 1875 die isländische Siedlung *Gimli*, noch heute das Zentrum der so genannten *Vesturíslendingar* (»West-Isländer«).

Seite 64: **Halldór Kiljan Laxness**, eigentlich Halldór Guðjónsson; 1902-1998; gilt als größter isländischer Schriftsteller des 20. Jahrhunderts; in jungen Jahren wurde er Kommunist, später trat er zum Katholizismus über und brachte 1955 Island den (bisher einzigen) Nobelpreis für Literatur ein. Er verfasste zahlreiche Romane, Kurzprosa, Dramen, Essays, Reiseberichte, Gedichte sowie autobiographische Schriften.

Seite 77: **Þórbergur Þórðarson** (1888-1974): Isländischer Dichter und Schriftsteller, geb. in Hali an der isländischen Südküste (Suðursveit). *Íslenskur aðall (»Isländischer Adel«)* erschien 1938 und ist der zweite seiner zahlreichen autobiographisch geprägten Romane.

Seite 83: **Hallgrímur Pétursson** (1614-1674): Isländischer Pfarrer und Barockdichter; Verfasser von religiösen Hymnen und geistlicher sowie weltlicher Lyrik. Sein bekanntestes Werk sind die *Passíusálmar* (*»Passions-Psalmen«*). Die größte Kirche Islands, die Hallgrímskirche in Reykjavík (entworfen 1929, erbaut 1945-86), ist nach ihm benannt.

Seite 98: **Sagas** sind altisländische Prosaerzählungen, deren Handlung kurz nach der Landnahme Islands (10./11. Jahrhundert) angesetzt ist und von den ersten »Isländern« in der Zeit nach der Besiedlung der Insel erzählt. Diese Geschichten wurden zunächst mündlich weitergegeben und erst viel später, im 13. und 14. Jahrhundert, schriftlich festgehalten. Die ***Njáls Saga*** (»Die Saga vom weisen Njál«), eine der bekanntesten und umfangreichsten Isländersagas, ist den meisten Isländern bis heute vertraut.

Seite 102: **Steinn Steinarr** (Pseudonym für Aðalsteinn Kristmundsson; 1908-1958), isländischer Dichter. Steinn Steinarr gehörte um die

Mitte des 20. Jahrhunderts zur literarischen Avantgarde Islands und zählt zu den *atómskáld* (»Atomdichtern«), einer modernistischen Dichtervereinigung, die sich von allen literarischen Traditionen lösen und die Dichtung von formalen Zwängen und inhaltlichen Vorgaben befreien wollten.

Seite 112: **Stefán Hörður Grímsson** (1919-2002), isländischer Lyriker, der wie Steinn Steinarr der Dichter-Vereinigung der *atómskáld* angehörte.

# BILDNACHWEIS

Fotografen für den Innenteil:

Bjarni Jónsson: Seite 8
Óskar Árni Óskarsson: Seiten 12, 38
Jöran Forsslund: Seiten 17, 26
Vigfús Sigurgeirsson: Seite 32
Einar H. Arnórsson: Seite 35
Hallgrímur Einarsson: Seite 44
Sigfús Eymundsson: Seite 47
Kristinn Ólafsson: Seite 59
Gunnar Rúnar: Seite 74
Einar Falur Ingólfsson: Seite 81
Hans Malmberg: Seiten 90, 95
Þorsteinn Jósefsson: Seite 107
Unbek.: Seiten 23, 28, 49, 65, 97,111

LESEN SIE WEITER

Dies ist ein Buch aus der Fremde und bezieht seinen Reiz von dort. »Taxi 79 ab Station« fesselt durch bleiche Verregnetheit, mehr durch Brisen als durch Böen klammer Emotionen. Der Leser fühlt sich sofort an Ernest Hemingway erinnert, so lakonisch knapp, scheinbar unbeteiligt, fließend erzählt Indriði G. Thorsteinsson (Vater des Krimi-Autors Arnaldur Indriðason) seine scheinbar beiläufige Geschichte. Nichts verliert sie dadurch von den Nuancen ihrer insgeheimen Intensität und verstärkt sie noch durch die abgeklärte Ich-Form, die den Hauptteil des Textes in eine abgründige Subjektivität versenkt.
*Michael Thumser, Hofer Anzeiger*

ISLAND

Arctic Circle
Kögr
Horn
Straumnes
Adalvik
Jökulfirth
Súgandafirth
Onundarfirth
Dýrafirth
Arnarfirth
Kópanes
Tálknafirth
Patreksfirth
Straumnes
Látraöst
Ofeigsfirth
Hunafloi
Rifsnes
Skagata
Hunafirth
Drangey
Eyja Hrepp
Bierneyiar
Breiöifjörður
Fellströnd
Öndverdarnes
Snæfellsnes
Snæfells Jökull
Laungufirth
Faxafloi
Eiriks Jökull
Lang Jökull
Hvitarvatn
Skjaldbreid
Thingvalla
Borgarfjördur
Hvalfjördur
Esia
Skagi
Reykjavik
Hreppar
Hecla
Floi
Reykjanes
Eyrar
Bergthorsknoll
Vestmannaeiyiar